OHSAMA BUNKO

雪だるま式に
人生にミラクルが起きる本

天乃愛湖

三笠書房

自分はもっと凄《すご》いことができると思っている。
がんばっているのに、思うような成果が得られない。
今の自分をなんとかしたい。
願ったことが、なかなか叶《かな》わない。

そう思っている、全ての人へ！
「雪だるま式」にミラクルが起きる、
世界の「夢叶《ゆめかな》（＝夢を叶える、願望実現）
５大メソッド」を使って、
超速でその夢を叶えちゃおう！

はじめに――どんな大きな夢でも超速で叶うなら、どんな夢を叶えたい？

「どんな夢も、願えば叶う！」

そんなふうに言われたら、あなたは何をお願いしますか？

その夢に向かって、小さな一歩を積み重ねていくと、小さな達成・小さな幸福・小さなミラクルが起き始めます。

楽しくなって夢を追いかけていくと、**その幸福やミラクルは雪だるま式にどんどん大きくなって、驚くような速さで、夢を実現させてくれます。**

「10年・20年かかるのかな～」と思っていた夢が、たった1年で実現のチャンスが来ちゃう！　そんな驚くような**夢の前倒し現象**も起きるのです！

そんなに早く夢が叶うとしたら、あなたは**どんな人生**を歩みたいですか？

年収1000万円？　起業して成功？　白い豪邸？　高級車？

そんなの小さい！　小さい！　せっかく、願ったことが必ず叶うのですから、**その夢、「ケタ違い」に書き換えちゃいましょう！**

例えば、次のように書き換えちゃうのです。

＊年収1000万円なら、**年収1億円、10億円、100億円！**

＊起業して成功なら、**世界中に支店を持つ社長に！**

＊白い豪邸なら、**海外のあちこちに別荘やビルを所有！**

＊高級車なら、**プライベートジェットのオーナーに！**

今見ている夢が大きければ大きいほど、「あっ！」という間に叶います。

幸福もミラクルも、「雪だるま」のようにどんどん大きくなるのですから！

「そんな超速に夢を叶える方法なんて、あるの？」と疑問を抱くかもしれません。

その答えが、世界の**「夢叶5大メソッド」**をかけ合わせた**「夢叶大全メソッド」**です。

① **スピリチュアル**　② **量子力学**　③ **脳科学**　④ **成功哲学**　⑤ **心理学**

これら5大メソッドをかけ合わせると、**「ミラクルの雪だるま式」現象**が起きて、夢が叶うスピードが、**超早くなる**のです！

◆この本に詰め込まれた魔法の秘密

この本に書かれている世界の「夢叶5大メソッド」。

「これら全てを、ひとりで語れる人なんて見たことがない！」「ぶっ飛んでいるところがいい！」と、大物プロデューサーを筆頭に様々な人から絶賛されて、自分が主宰するオンライン講座名を「夢叶大全」と名づけさせていただきました。

私はなぜ、こんな講座ができるようになったのか？

私自身のお話を少しさせていただくことで、この本に詰め込まれた〝**魔法**〟がどれほど凄いかをお分かりいただけるかと思います。

それは2017年のことでした。

当時、勤めていた会社（某大手広告代理店）には内緒で、私は**占い師**としての活動を始めました。すると途端に、私はスピリチュアルな存在（宇宙人を含む）と出会うようになったのです。そこで初めて、私は**「天然モノ」のスピリチュアルな人**なんだと自覚しました。なんか分かっちゃう、幽霊が見える、という不思議な体験は、誰もが普通にするものだと思っていたので、特殊な能力だと気づかなかったのです。

その後、様々な学びと体験を通して、前世は何代にもわたるスピリチュアルな人生を歩み、実は父方・母方とも霊格の高い強靭《きょうじん》なスピリチュアルの家系だと知りました。

もともと私は子供の頃から大人の「裏の心」に気づいてしまい、要《い》らぬ傷を負ってばかり。大学時代は、周りに振り回されてウツになりました。

そのまま社会人になり、制作プロダクションでデザイナーとして勤めましたが、対人恐怖症やパニック障害に苦しみ、ある日、錯覚を起こして死ぬ一歩手前までいきます。その体験がきっかけで、**心理学**を学ぶことに。

その心理学の講座は、強靭なマインドを持つ女性社長が、若者の育成のために始めたものでした。私はそこで心理学を学び、メンタル改善のトレーニングを重ねて、強靭なポジティブ・シンキングとビジネスマインドを身につけることができたのです。

するとわずか3ヶ月で人生が激変！

制作プロダクションでデザイナーをしていた私が、たった1年で広告代理店にディレクターとして転職することに。その会社で1年目（社会人2年目）につくった広告が、翌年その会社の最優秀作品賞を受賞！　2年目の全社研修で行われたプレゼン大会では、私は8社の広告を担当して、なんと！　クリエイティブ部門の1位から7位までを総ナメにするミラクルが起きたのです。

この広告代理店に入った頃の私は、日々、上司や先輩からヒドイ言葉をぶつけられ、トイレで泣くこともしばしば。「誰もが認めざるを得ない、実力を見せてやる！」「それはイコール、クライアントが喜ぶ、大反響のある広告をつくること！」……その一念が当時の私の唯一のモティベーションでした。

しかし、飛ぶ鳥を落とす勢いでたった1年で頂点に立ってしまった私は、目標を見失います。「このままでは失速してしまう！　今の勢いを落としたくない！」と焦りを感じていました。そんな時に出会ったのが、ある世界的な**成功哲学プログラム**でした。私がまだ24歳の時。バブルがはじけた1991年のことです。

世界一のタイトルを何年も獲得していた社長から、その成功哲学プログラムの内容を習慣化して体に刻み込むまで学びました。

周りは優れた経営者や業界トップクラスの方々が多く、その人たちが「何を感じて、どう成長していったのか」を直接見たり聞いたりして学びました。時には、その社長によるクライアントの社内研修も見学させてもらい、経営者だけの勉強会にも参加しました。何が凄いって、世界的なプログラムにも書かれていない、世界一になれた方法を直接学べたことと、ケタ違いの成功者の世界を見せてもらったこと、色々な経営者の「生の声」を聞いて成長できたことです。

この頃、日本ではちょっとした潜在意識ブームが起きていました。

この社長が「右脳って面白い！」と学び始めたので、私も真似して**脳科学**を学びました。まだ25歳の頃です。

そこから私の人生、急上昇！　かと思いきや、苦難が続きます。あげくの果てには虚言癖と見抜けず、とんでもないダメ男と29歳で結婚し、電気・ガス・水道・家の電話・携帯が止まる、家に食べるものが何ひとつ無くなる日もあるようなどん底生活を体験。更に奈落の底まで落とされる日々も続き、常に死を意識するような7年を過ごしました。

リセットすべく広告業界に復帰して、自分の人生を取り戻します。麻布十番でひとり暮らしを始める余裕も出て、占いの勉強を始めたのは2012年、45歳の時です。

占い師になって、周りのスピリチュアルな人たちから「占いの道具は要らないでしょ。自分の力を使えばいい」と指摘されました。その力を使おうとした時に、大学時代にウツになった頃に、自分の力を無意識に封印していたことに気づいたのです。

そこで私は封印していた自分の能力を開かせるためにスピリチュアルを学び、心理学や成功哲学の習慣を積みながら、トレーニングを重ねることにしました。

いざ自分で講座を開催することになり、カリキュラムを作成している時に、「あれ？　このスピも夢叶（＝夢を叶える、願望実現）に使える！」と気づいたのです。

そんな私は長年、亡くなった父との関係に課題を抱えていました。

私の父は昭和2年生まれの九州男児です。格式高い武家の家風で育ったため、その魂はまるで武士そのもの。海軍の軍人でとにかく厳しく、私たち姉妹は殴られて育ちました。「良家の娘」として恥ずかしくない振る舞いを押しつけられ、正しいか否かは父の価値観で判断されました。小学生の頃に「家を出たい！」と思っていた私は、たくさんのトラウマを抱えて成長してきたのです。

スピリチュアルの学びを深めるためには、それらトラウマからの解放が必要でした。そのため、様々なカウンセリング・セッション・講座・セミナーを受け続けました。インナーチャイルドや前世ヒーリングも体験してきました。

こうした私自身の経験と心理学の体系というベースにより、私は他人の弱さや囚《とら》われ、行動できない原因を客観的に把握でき、アドバイスできるようになったのです。

また、プライベートなお遊びで、年末に翌年の目標設定と行動計画を立てる「手帳づくりの会」を始めたのは２０１３年のこと。成功哲学を学び始めた１９９１年から約20年ずっと、ひとりで手帳をつくることに飽きてしまって、お友達とワイワイ集まって楽しくやろうとしたのです。

毎年お友達が、「今年も6月くらいには、手帳をつくったことも忘れちゃった！」と笑いながら集まる様子を見て、私のオリジナルの手帳術が生まれました。
そして更に飛躍したいと**量子力学**を学び始めたのが、２０１６年のこと。
このように**スピリチュアル・量子力学・脳科学・成功哲学・心理学の5大メソッド**を学び、実践した私には、ミラクルが雪だるま式に起きるようになったのです。

この本の内容は、幼少期から大人になっても七転八倒な人生でありながら、強い潜在意識や天の導きによりミラクルを起こし続けてきた、私の50年プラスαの経験と、30年プラスαの学び、受講生さんたちのミラクルに裏打ちされたノウハウが詰まっています。
本書に込められた〝**魔法**〟を学び、実践してください。
あなたの人生にも、〝**夢叶のミラクル**〟がきっと起きます！

天乃《あまの》　愛湖《あこ》

✴ CONTENTS

第1章

タイプ診断で、あなたにオススメの夢叶《ゆめかな》メソッドが分かる！

第2章

夢叶メソッド① スピリチュアル
――「見えない力」を味方につける

第3章

夢叶メソッド② 量子力学
——波動を高めて、現実を好転させる

第4章

夢叶メソッド③　脳科学
――潜在意識をフル活用する

第5章

夢叶メソッド④ 成功哲学
——成功者の行動とマインドを学ぶ

第6章
夢叶メソッド⑤　心理学
——不安や不信を取り除く

第7章

夢叶はワクワクが9割
——全メソッドで共通して使えるワザ

執筆協力／柴田恵理
本文DTP／株式会社SunFuerza

プロローグ

ミラクルが押し寄せて、ケタ違いの夢が次々と叶う秘密

私たちの潜在意識の中には、夢を自動的に追いかけ続けて、何があっても達成してくれる〝**マシーン**〟が内蔵されているのを、知っていますか?

みんな人生で1度や2度、使ったことがあると思います。

受験で「どうしてもこの学校に入りたい!」と強く願っていた時、大会で「優勝したい!」と集中していた時、「何がなんでもあの人を落としたい♡」とゾーンに入っていた時……。そんな集中状態で、この「**夢叶自動追求マシーン**」のスイッチが入るのです。

このマシーン、**どんな障害・困難が道をふさいだとしても、自動的にそれらを乗り越えて、無意識に達成しちゃうという優れた自動操縦システム**なんです。

こんな凄いマシーンが使えるなら、どんなケタ違いの夢だって、叶いますよね！

私がこの装置を使った時、何が起きたかをお話ししましょう……。

広告デザインの仕事がしたくて、美大を受験した時です。

美大専門の予備校に通っていたのですが、冬期講習が終わる頃まで、私のデッサンの成績はいつも下から2番目か3番目の劣等生でした。

ところが、ちょっとコツをつかむと夢叶自動追求マシーンにスイッチが入って、一心不乱に絵を描くようになりました。超集中状態の2ヶ月を過ごしたら、なんと！

私が受験で描いたデッサンが、大学の入学案内の表紙を飾ったのです!!

ちょっとだまされて（笑）入ってしまった、○○業界で全国3位の某会社では、いきなり「ノルマが達成できなかったらクビ！」と言われて、ムキになってしまいました。

「達成して辞めてやる！」と思ったら、数ヶ月でなんと全国6位に！

潜在意識って、すごくないですか!?

これぞ「夢叶自動追求マシーン」の威力です。

ま、私もそれ相応の努力はしましたが（笑）。

◆未来に何を描くかで、あなたの人生は決まる

「ケタ違いの夢を見よう！」「無意識に達成できちゃうマシーンがあるんだよ！」と言っても、多くの人はなぜか、ケタ違いの夢を描けません。

「私は普通の人ですから……。ケタ違いの夢を叶えられるのは、〝特別な人〟でしょ」

私はこれくらいだから、将来叶えられる夢はこれくらい。そうやって無意識に自分に制限をかけてしまって、それ以上の夢を見ないのです。

でも実はこれ、サボりたがりの脳が、私たちに大きな夢を見られたら面倒だから、「できない」と思い込ませているって、知っていますか!?

人は、自分が想像した以上の未来はつくれません。

逆に言えば、**想像すればその通りの未来がつくれちゃうのです！**

それならいっそ、「ケタ違いな夢」を想像した方が楽しそうじゃないですか？

実際、私のたった30分の個別相談、たった2時間の体験講座で、**〝億超えスイッチ〟**

が入った人が何人もいます（笑）。たった1時間のお茶会で「言葉の魔法」を使ったら、まさかの〝年収40億スイッチ〟が入った人までいました!!

講座を受講された方には、年収４００万円台の自宅暮らしの女性や主婦の方もたくさんいました。

そういう人たちは、私の講座を受講した瞬間から、思考・言動・行動が変わり、引き寄せるものが変わり、選ぶものが変わっていきました。

「すっかり人生が変わりました！」

「もの凄い勢いで、〝億〟に向かってます！」

「海外からも声がかかって、イベントに出演してきます！」

このような、色々な嬉しい報告が飛び込んできています。

ケタ違いの凄いことができる人って、「もともと特別な才能があるからできたんでしょ」と思われがちです。でも、そんなことはないのです。

ただ、**その未来を描いて、そうなりたいと心から望んで、行動した人**というだけのことなのです。

この本を効果的に使っていただくために

なぜ、ミラクルが超速で起きるのでしょうか?

ケタ違いの夢が叶う時は、**見えない力は9割で、自力はたったの1割**です。つまり**「神がかっている」**からこそ、超速が起きるのです。

ミラクルの連鎖が止まらなくなって、「引き寄せ」どころかミラクルが「押し寄せ」てくる感じです。

でも、そこに至るまでには色々なステージを越えなくてはなりません。その間は自力が半分だったり、スタート時には自力が9割、必要だったりします。


私の**夢叶大全メソッド**の5つの方法の関係性を説明しておきますね。

見えない力を活用するメソッドが、スピリチュアルと量子力学の2つです。

スピリチュアルと量子力学の活用のベースにすると良いのが脳科学です。脳の潜在意識にも、ミラクルを起こす絶大な力があり、脳は宇宙とつながっているからです。

自力の部分は、成功哲学を使うと、ステージアップの速度が格段に上がります。

そして、「やりたいけど不安」「興味はあるけど、勇気が持てない」「人の目が気になる」……そんな心理的なネガティブを、根本から書き換えていく方法が心理学です。


私のこの夢叶大全メソッドがなぜ良いかというと、**どのメソッドも波動や宇宙などとつながっていて、かけ合わせると相乗効果がめちゃくちゃ高いという、超速夢叶メソッドである**ことです。例えばスピリチュアル的な手法が苦手なところに、成功哲学をかけ合わせると、相乗効果が生まれる方法でもあるのです。


でも、最初から全てを全部マスターするのは面倒ですよね。

まずは**診断テスト**をして、あなたの**成功タイプ**を診断してください。

自分の得意なメソッドと、かけ合わせると最強になれるメソッドのノウハウを、そして次は、興味を持ったノウハウを日常に取り入れてみてください。

きっと想像以上に早く、ミラクルが起きていくことでしょう！

想像するだけで、ワクワクしますね!!

自分が得意なメソッド以外のメソッドも取り入れていくと、ミラクルがどんどん大きくなって、夢も早く実現します。

色々なノウハウを取り入れるほどに、あなたの成功は加速します！

あなたの得意なメソッドが増える、使えるワザが増えていく……そんなふうに本書を使ってみてください。

第1章

タイプ診断で、あなたにオススメの夢叶《ゆめかな》メソッドが分かる!

あなたの成功タイプとメソッドを見つけよう！

①スピリチュアル　②量子力学　③脳科学　④成功哲学　⑤心理学

この5つのメソッドの、どれを取り入れればケタ違いのミラクルが起きるのか？
あなたの成功タイプに、ぴったり当てはまるメソッドの組み合わせを、見つけましょう！

まず自分のタイプを知っておくことが必要です。
そこで次の診断テストを2つ、やってみましょう。

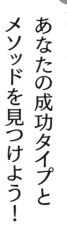

診断テスト①

AとBのうち、あてはまる方を選んでください。

◆**行動する時に優先するのはどっち？**

Ａ　メリット・デメリット

Ｂ　好き嫌いの感情

◆**選択する時の基準はどっち？**

Ａ　効果・損得・計画

Ｂ　直感・好き嫌い・気分

◆**時間やお金の使い方で、あなたがうまくいくのはどっち？**

Ａ　効率・効果を考える

Ｂ　なりゆきでうまくいく

◆**目標を達成する時、あなたはどっちのタイプ？**

Ａ　計画的に行動をする

Ｂ　うまくいくイメージをして行動する

◆自分の気持ちを、外に出す？　出さない？

Ａ　あまり外には出さない

Ｂ　外にどんどん出してしまう

◆勉強はどっちが得意？

Ａ　理数系

Ｂ　文系・芸術系

◆何かを説明しようとする時、あなたの言動はどっちのタイプ？

Ａ　理論・理屈を交えて話す

Ｂ「ぶん！とやるとガッ！となる」のような、感覚的な話し方

◆新しい家電を購入したら、あなたはどっちのタイプ？

Ａ　説明書を読みながら使う

Ｂ　なんとなく動かしながら覚えていく

◆時間管理について、あなたはどっちのタイプ？

Ａ　計画を立てたり、段取りをして、なるべく有効的に使いたい

Ｂ　あまりきちんと決めずに、ゆるさ・自由さがある方がうまくいく

◆あなたが仕事で得意なのはどっち？

Ａ　事務・データ処理・分析・システム構築

Ｂ　企画・アイデアを出す仕事

＊次の診断テスト②に進んでください。

診断テスト②

次の質問に、YES・NOで答えてください。

◆理論や理屈に従うより、「好きだから」「こっちの方が気分に合うから」といった感覚で行動すると、うまくいく　YES・NO

◆天や見えない存在たちから、メッセージを受け取って行動している　YES・NO

◆自分の体の中に宇宙を感じている　YES・NO

◆この人が言っていることは「正しいか、うさんくさいか」ということが、なんとなく分かる　YES・NO

◆自分が必要とする情報は、たまたま見かけた本・テレビ・

SNS・会話などから、自然とキャッチできる　YES・NO

◆直感で「なんとなくコッチ」と選んで、うまくいっている　YES・NO

◆「どうすれば良いかな～？」と考えていると、突然ひらめいたり、誰かから教えてもらえたりして、その通りにするとうまくいく　YES・NO

◆瞑想《めいそう》をしたりして、ゆっくり落ち着いて過ごしていた方が、ミラクルが起きる　YES・NO

◆人や場所の波動について、「良い・悪い」や「高い・低い」を感じる　YES・NO

◆ネガティブな思考や感情を、未来も過去も、書き換えることができる　YES・NO

診断結果

テスト① 診断結果

Ａが多い人　↓　Ａ　左脳タイプ

Ｂが多い人　↓　Ｂ　右脳タイプ

テスト② 診断結果

ＹＥＳが多い人　↓　Ｃ　宇宙タイプ

ＮＯが多い人　↓　Ｄ　地球タイプ

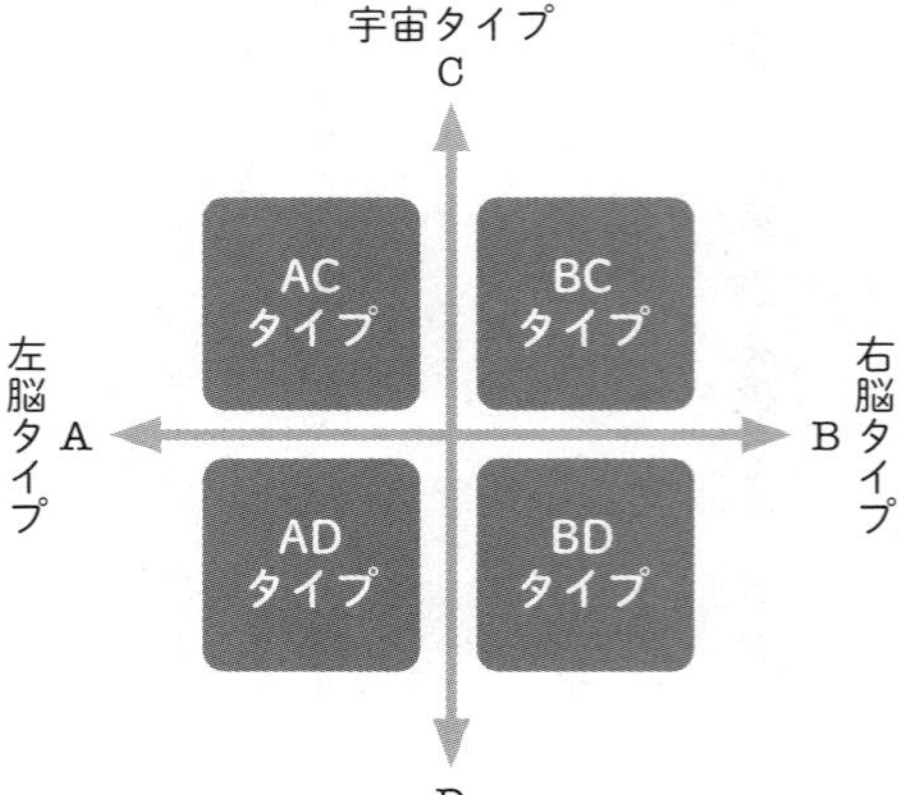

診断結果①「右脳タイプ」か「左脳タイプ」か？

テスト①で判明する右脳タイプか左脳タイプかは、**「潜在意識が優位か？　顕在意識が優位か？」**の違いです。前者は**感覚派**、後者は**理論派**とも言えます。

直感的で感性で動くのが得意な人が右脳タイプ。
理論や理屈で動くのが得意な人が左脳タイプです。

潜在意識が強い人は、「自分が本当にやりたいこと」が行動にパッと直結します。
顕在意識が強い人は、効率・効果などを色々と考えてから行動するという慎重な一面がある人です。

右脳タイプは、一度「これをやるぞ！」と決意すると揺るがないのですが、スイッチが入らないと動けません。

左脳タイプは、理論派なので「これをやったほうが、後々ラクになる」など、計画的で、着実に前に進める力がありますが、爆発力には欠けるところがあります。

診断結果②「宇宙タイプ」か「地球タイプ」か？

テスト②で判明するのは、宇宙タイプか地球タイプかです。

宇宙タイプは、「見えないところ」からのメッセージをキャッチできるスピリチュアル系の人です。

「そっちじゃない！　こっちだよ！」という合図をキャッチできたり、「天がこう言っている」とインスピレーションで気づくことができる人です。

なにも「視《み》える」といった特殊能力がある人に限りません。「直感」「なんとなく」を信じて進んだら、いい結果に終わったという人もこのタイプ。

例えば「絶大な拡大運気が来るぞ！」なんて時にのんびりしていると、私みたいに

〝会社員の強制終了〟をかけられて、無理やり起業の道へ運ばれてしまう、なんて人もスピリチュアル系です。なぜか導かれてしまうので、運気を逃したり、道をそれたりしないのです。エネルギーワークで波動を高めるのが得意な人もそうです。

地球タイプは、自分で地道な努力をコツコツ重ねてがんばる人。

昭和の典型的な会社員のように、「実力勝負！」「信ずれば成る！」と、未来を信じて行動していける、意志の強さを備えた人です。

このタイプで成功する人は、行動力と意志の力がとにかく強く、ちょっとした苦難が来ても乗り越える、気力・根性を普通に持っている人です。

テスト②でNOが多かった人ほど、「見えない力なんて信じない」という考えが強いため、コツコツと堅実な生き方をします。

「風の時代」が来て数年たった今でも、この地球タイプの人は、割合的にはまだまだとても多いです。

成功タイプ別　オススメのメソッド

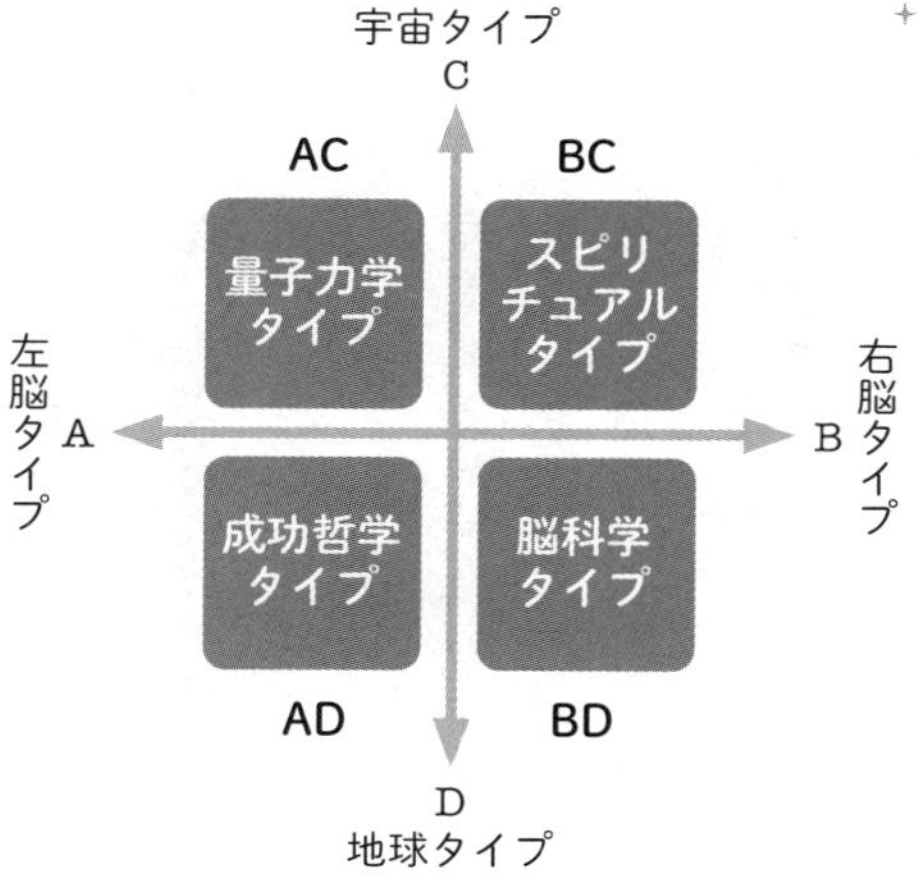

あなたの成功タイプは何タイプで、どのメソッドを組み合わせると、ケタ違いのミラクルが起こせるのでしょうか!?

タイプとオススメのメソッドを見てみましょう！

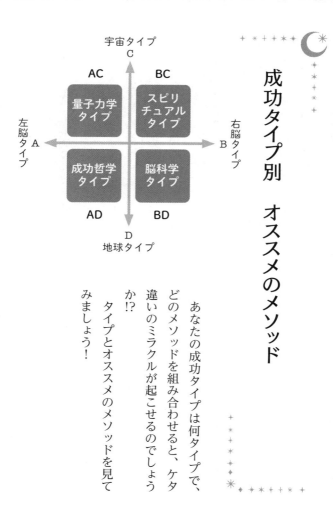

AC「左脳×宇宙」＝量子力学タイプ ⇒ オススメのメソッド「脳科学」

【特徴】ACタイプの人は、理論を学びながら、波動を高めたり、全集中したり、ゾーンに入ったりといった、「見えないもの」の力を上手に取り入れることで成功していくタイプです。

あなたがもっと効率よく、効果的に夢の実現を加速していくためには、潜在意識を更に活性化させていく方法がオススメです。そこで「脳科学」的手法を取り入れて、潜在意識と宇宙を連動させると、ミラクルパワーが高まっていくでしょう。

BC「右脳×宇宙」＝スピリチュアルタイプ ⇒ オススメのメソッド「成功哲学」

【特徴】BCタイプの人は、とても感覚的に行動しているので、一見行き当たりばったりにやっているようでも、なぜかスルスルとうまくいくタイプです。

でも、意識せず感覚で進んでしまうので「あのミラクルを、もう1回起こそう！」と思っても、再現できないことも多いのです。

ひとつの成功の裏には、必ずそこに至る方法や確実なノウハウの集積があります。〝超感覚派〟のBCタイプの人が、成功哲学という3次元な手法を身につけたなら、あなたの意識で人生をコントロールできるようになります！

☆AD「左脳×地球」＝成功哲学タイプ ➡オススメのメソッド「量子力学」

【特徴】ADタイプの人は、コツコツと着実に自分の努力によって実績を上げていけるタイプです。

理論派のため、エビデンス（科学的根拠）が好きです。対極にあるスピリチュアルな手法を取り入れると効果が最も出やすいのですが、いきなり言葉では正確に表現できないような感覚的手法を、「感覚をつかんで！」「とりあえずやってみて！」と言われても「分かりません」「できません」で終わってしまう人がほとんどです。

なので、宇宙的な方法を理論的に行動に移せる、量子力学を使うのがオススメです。

☆BD「右脳×地球」＝脳科学タイプ ➡ オススメのメソッド「スピリチュアル」

【特徴】ＢＤタイプの人は感覚的な人で、「こう！」と思ったらやり抜いてしまうタイプ。でもスイッチが入らないと動けない人が多いタイプでもあります（笑）。

何を隠そう、若い時の私がこのタイプでした。

右脳は宇宙に直結しているので、スピリチュアルのメソッドによって宇宙感覚も身につけると、物事がスルスルとうまくいくようになるでしょう。

これが世界の夢叶5大メソッド

診断テストによって、あなたが取り入れると良いメソッドが分かったと思います。

その一方で、夢を実現させるためには、得意なメソッドを強化するのも大事です。

「組み合わせると最強!」とオススメされたメソッド以外にも、色々と取り入れてみましょう。雪だるま式にミラクルが起きるスピードが、ますます速くなっていきます。

まずは5大メソッドの簡単な紹介をしていきましょう。

- 夢叶メソッド① スピリチュアル
- 夢叶メソッド② 量子力学
- 夢叶メソッド③ 脳科学
- 夢叶メソッド④ 成功哲学
- 夢叶メソッド⑤ 心理学

夢叶メソッド①

スピリチュアル――「見えない力」を味方につける

スピリチュアルの世界では、「願えば叶う」という言葉をよく耳にします。天や宇宙、守護霊などから**目に見えない力**をいただいて、夢を実現させる方法です。

具体的には、毎日**瞑想**などをして「宇宙とつながる時間」を持つことで、天や宇宙からの後押しやご手配がもらえるようになります。

また、**占星術**や**九星気学**などの占い鑑定を利用して、自分の運気の流れを把握し、チャンスを逃さないようにするのもスピリチュアルの大切な法則のひとつです。

2020年の年末から、目に見えるものを重視する「地の時代」から、目に見えないものを重視する**「風の時代」**への移行が話題になっています。

風の時代のキーワード「自由」を意識すると、チャンスをつかみやすくなります。

夢叶メソッド②

量子力学――波動を高めて、現実を好転させる

量子力学は、ともすれば感覚的なスピリチュアルの考え方を、科学的な観点で理論として構築した新しいアプローチ方法です。

この量子力学の世界では、私たちの体や感情、思考全てが**「素粒子《そりゅうし》」**という微小な粒子の動き方で説明されています。この素粒子の振動数を変えることで現実を変えて、夢を叶えることができる、というわけです。

ポジティブな**高い波動**を生み出すと、それが現実世界に良い影響を与えていきます。

・夢を実現させる素粒子**「フォトン」**の不思議な動き方と効果

・私たちの未知の可能性を感じさせてくれる「**パラレルワールド**」
・無から有を無限に生み出す「**ゼロポイントフィールド**」

こうした量子力学の考え方をベースにした夢叶メソッドは、まるでドラえもんの4次元ポケットのように、私たちの3次元世界とは異なる、異次元の世界を使って夢を叶えさせてくれる法則なのです。

夢叶メソッド③

脳科学——潜在意識をフル活用する

私たちの潜在意識（無意識）自体は、良い・悪いの判断をすることはありません。潜在意識は、とてもファジーな思い込みをもとに、全自動で動いています。

この潜在意識の機能をいかに夢を叶えるために活用するか、プロローグで書いた「夢叶自動追求マシーン」をいかに発動させられるかで、私たちの人生はケタ違いに変わっていきます。

脳科学的アプローチでは、これらの**「潜在意識」の機能を活性化させ、ポジティブにコントロールする**ことで、夢を実現へと導きます。

夢叶メソッド④

成功哲学——成功者の行動とマインドを学ぶ

「成功したければ、成功者の真似《まね》をすればいい」

そう言われるほど、**世界中の成功者たちは同じような考え・同じような価値観・同じような行動の法則を持っています。**

現に、ナポレオン・ヒルの『思考は現実化する』、スティーブン・コヴィーの『7つの習慣』など、全世界でベスト&ロングセラーになっている成功哲学の本は、大筋では似たことを書いています。逆に言うと、**誰がやっても成功する〝鉄板の法則〟が存在する、ということです。**

本書では、あまたの成功哲学から取り入れやすくて効果が高いものを厳選しました。

夢叶メソッド⑤

心理学――不安や不信を取り除く

時に私たちは最初の一歩を踏み出せなかったり、勇気が持てなかったり、漠然とした不安を感じたりしてしまいます。

あるいは、なぜか似たような失敗を繰り返してしまうこともあるでしょう。

このように、無意識に起こるパターン化されたネガティブの原因は、幼少期の体験からくる影響が9割以上と言われています。

心理学を学んでいくことで、そんな**過去の心の傷・ブロック・無意識の思考パターンに気づいて、癒やしたり、クリアにしたりしていくことで、波動を高め、夢を叶えやすい思考をつくっていくことができます。**

以上の5つのメソッドは、それぞれ異なるアプローチをとりながらも、あなたの夢の実現をサポートしていきます。

自分に合った方法を選んだり、組み合わせたりすることで、ケタ違いの夢を叶えて、あなたの人生にミラクルを起こしていきましょう!

次の章からは、各メソッドについてより詳しく解説していきます。実践してほしいワークも紹介するので、ぜひ試してみてください。

第2章

夢叶メソッド①
スピリチュアル

「見えない力」を
味方につける

夢叶に必要な「ご手配」は、「見えない力」がしてくれる

「引き寄せ」という言葉、耳にされたこともあるでしょう。

私が、「占い師としての公式デビューって、どうすればできるんだろう!?」と思っていた時です。突然、豪華客船でのセレブ貸切クリスマス1泊クルーズへの出演オファーが来ました！

この現象が**引き寄せ**です。

ちなみにこの後、私は占い処《どころ》（複数の占い師が所属し、占いを提供する場所）の出演も引き寄せました♪

この「引き寄せ」は、潜在意識よりも深いところにある「集合的無意識」が引き起こす場合の他に、**「見えない力」**がしてくれた**「ご手配」**である場合も多いのです。

「偶然出会った友人と立ち話していたら、大きなビジネス・チャンスが！」

そんな**「予想外のいいこと」**は「見えない力」の働きのお陰です。

この「見えない力」の正体って？

それは**宇宙の力・天や神、守護霊や指導霊、天使・龍神**の場合もあります。

「アセンテッドマスター」という神に昇格された霊的存在もいます。お釈迦《しゃか》様、マリア様、イエス様、大天使たちを指し、私たちを導いてくれる高次元の存在です。

これらの力が働いた時、私たちの人生は文字通り〝劇的〟に、ホントにびっくりするくらいにケタ違いの飛躍を起こして、いい方向にスルスルと進んでいくのです。

「思いもよらない道が開けちゃった！」なんて経験、あなたにもあるでしょう。

そんな場合、たいていは「見えない力」があなたのために道を用意してくれて、**「あなたの進むべき道はこっちだよ！」**と導いてくれているのです。

私がいきなり会社を辞めることになったり、講座を開くことになったりした流れが正に「導き」です。占い師として起業した直後に、「愛湖さんの成功法則を学びたい」と言った女性経営者さんが、「ご手配」なのです。

「見えない力」に導かれて、思わぬところでブレイクした、私の受講生Cさんの話を紹介しましょう。「痛くないお産」を広めたいと活動していたCさん。そのための食事や健康について発信していたのですが、その流れでたまたま糖尿病の食事療法に関する講座とライブ配信サポートの講座ができたのです。「できた♪」と思ったら、30万、40万円の講座がいきなりスルッと売れた！「びっくり！」と笑っていました。

もともと出産について起業するつもりだったのに、糖尿病の食事療法を教えるという**新しい道がバーン！と開けた**と思ったら、別の収入源までできちゃった！

「まさかこんなに早い展開で来るなんて……」とCさんの想像を超える事態に。

これが「見えない力」の導きの通りに進んでいくと、起こるミラクルです。

「ちょっとやってみようかな」「試してみようかな」と、ふと思いついたことを実践してみる。何年も会っていなかった友達のことを思い出したので、連絡してみる。

「なんとなく思いついたこと」を流してしまわずに、やってみましょう。

それは**「見えない力」からの、幸運のメッセージ**かもしれないからです。

天からのプレゼントや、必要なご手配をもらう方法

「見えない力」からの必要なご手配をいただくには、どうすればいいのでしょう？
ただ待っているだけではダメです。

「自力で一歩前に進むこと」

例えば、あなたが自分でお店を開くとしましょう。
そうと決めたら、とにかくたくさんの知り合いにメッセージを送りまくるのです。
ＳＮＳやブログにも投稿しましょう。近所の人に「来てください！」と声がけする。
売れているお店を徹底的に調査して、そのワケを探る。「繁盛店のつくり方」に関

する本を読んだり、セミナーに参加したりする……。「自分にできることは何か？」を考えて、とにかく試行錯誤する。

一生懸命やっていると、天が**「お、なかなかがんばっているじゃないか。じゃ、ここでひとつ、いいことを授けよう」**とご褒美を必ずくれます。

具体的には**「突然、必要な言葉が目につく」「急に重要な情報が入ってくる」といった現象が起きます。**

私の場合、講座をつくってはみたものの「どうやって集客していいか分からない！」と心で叫んでいた時に、Ｆａｃｅｂｏｏｋで、「オンラインサミット」「パラレルキャリア」という、いつもは見かけない広告が飛び込んできたのです。

「言葉の意味が分からないけど、なんか気になる！」とポチッ。案内ページを見てもよく分からなかったけど、気になったから、更にポチッ。

これが私を売れっ子に押し上げてくれたＳＮＳ集客の先生、三浦さやかさんとの出会いです。

この**「なんとなく」をキャッチしたら、行動する！**　これがコツです。

この時視聴したオンラインサミットを通して、初めてさやかさんがＳＮＳ集客を教えてくれる人だと知りました。当時の私は、「月末の家賃が払えない！　来月初めのクレジットカード代も払えない！」という散々な状態でした。

でも、これを学ばないと人生が開けない！　もうコレしかない！　７日間の体験講座1万円。それならなんとか払えるから、とにかくやってみよう！　と藁《わら》にもすがる思いで申し込みました。

どん詰まっていたので、もうとにかく必死です。「学んだことは、全てやる！」という熱量で行動しました。

1万円でも必死の覚悟だったのに、その体験講座の最後に本講座の案内があり、私は大胆にも、１２０万円もする1年コースに「12分割でお願いします」と申し込んでいました。私に払えるのか？　家賃もカードも払えるか分からないのに。

もう直感と勢いしかありません！　即断即決！　即行動！　これが成功の秘訣《ひけつ》なんです。成功する人は皆、直感が冴えているものです♡

清水の舞台から飛び降りる覚悟で1年コースを申し込んだ、その2日後のこと。

なんと！　20万円、売れた！

更に2・5ヶ月後に、学んだ通りにキャンペーンを行ったら、いきなり**120万円がドーン！**　更に売れた！

その後、「お茶会集客」という投稿がまたもや目に飛び込んで来たので、「次はこれだ！」とコンサルを即申し込み、教わった通りにやったら、**またまた7ケタドーン！**

更に、1年コースで学んだことを繰り返したら、**またも7ケタ、ドーン！**　売れに売れた!!

こうして、私は、夢に描いたこともなかった「月収7ケタ」をあっけなく手に入れたのです。勢いってスゴイ！（笑）

ここに来るまで、私は試行錯誤して一生懸命質問しまくり、行動しまくりました。良さそうな講座に手当たり次第参加したし、初めは怖くてできなかったライブ配信も毎日して、キャンペーンも張りました。何百人にもメッセージを送り、ＳＮＳにも投稿して、同時に仲間の応援もしまくりました。つまり、自分ができる、ありとあらゆることをやったのです。

もし、「お金がないから」と受講をあきらめていたら？「面倒くさいから」と友達にメッセージを送らなかったら？「どうせ売れるはずがない」とキャンペーンをしなかったら？　きっと、今の私はありません。

新型コロナ禍で古巣の会社にも戻れず、自己破産していたかもしれません。**自分でやれるだけのことをやった**。だからこそ、次の世界が開けたのです。

まずは、とにかく自力で**「一歩前に進む」**こと。


行動しない人に、天は助けもプレゼントも用意しません。やることをやりながら、アンテナを伸ばして耳をすませ、自分の身の回りのサイン・流れに、注目しましょう。これまでと違うものが目に入ったり、周囲が動き出したなと感じたら、それは**天からの「サイン」**かも。

そのサインを見逃さないで！

「どうやって？」は考えなくていい！

地の時代から風の時代へと移行して、スピリチュアルの人たちが流行《はや》りのように「願えば叶う」と言い続けています。

「願えば叶う⁉」そんなウマい話があるわけないでしょ！　と普通なら思いますよね（笑）。なぜなら「目的」を達成するには、「手段」、つまり「どうやって叶えるのか」が一般の感覚では必要だからです。しかし、スピリチュアルの世界では、**「見えない力」からのご手配があるため、「どうやって叶えるか？」は考えなくていい**のです。

例えば年収４００万円の人が「1億円稼ごう」と思ったとします。

「どうやって叶えるか？」という手段や方法については、自分で完全にコントロールできるものではありません。

仮に100万円の商品を扱っているなら、100人に売ると、「100万円×100人＝1億円」となります。

「100人って、多くない？」「そんなにたくさん売れるの？」と思っていたら、ある時、企業による案件が舞い込んできて、いきなり1000万円の契約を結んだ！なんてこともあります。

だから「**絶対1億円稼ぐ！**」と決めた後は、**できることに注力しましょう。**

「どうやって？」は、天にゆだねればいいのです。

一心にがんばるあなたの姿を見た誰かが、「君、こういうのはできない？」と声をかけてくれて、1億円への道が急に開いたりするのです。

あるいは、ある日突然「これは！」と思えるアイデアに出会ったりします。

「目に見える現象」は全て必然の流れではありますが、そこにたどり着くには必ず見えない力のご手配が入っているのです。

あなたが**「本来歩くべき道」**を進み始めると、ご手配がより一層増えてきます。

これまでやってきたことが全部つながったり、点だった過去が線になり、道になったりすると、面白いくらいのスピード感で進展するのです。

ケタ違いの夢を叶えるには、その方法や手段のことは考えなくて大丈夫。なぜなら、**考えても分からない**から。**考えるだけ時間のムダ**なのです。

目の前のことに努力していると、必要な時に必要な道にスルスルと導かれます。

自分のところに来た依頼・お願い・チャンスは全部、打ち返しましょう。**返事は「Yes」か「ハイ」だけ。**とにかくトライしてみましょう。できる・できないは考えない。**全てやるのです。**なぜならそれは、天から来たプレゼントだから。

その意味や方法など、小難しい理屈は考えなくて、とにかく「Yes!」、難しいことも、とにかく「やる!」で貫きましょう。

引き受けてから、「さて、どうしようかな~?」と考えて、行動すれば良いのです。

シンプルに、「ただ、やる」。これだけです。できることからコツコツと。

これをしていると、じわじわと道が開けてきて、ある時**「そう来たか!」という嬉しい展開**があなたを待っています。

全てを生み出す源、「宇宙」と一体になろう

宇宙は主神《すしん》＝創造主が何もないところから創り出した、いわば無から有を生む象徴であり、無から有を生む源です。

私の講座では皆がイメージしやすいように、量子力学でいうゼロポイントフィールド（113ページ参照）を、宇宙を創り出した源と説明しています。

この宇宙には無限のエネルギーが満ちており、どんなことも生み出せる場所です。「宇宙銀行にアクセスしたら、欲しいお金はいくらでも手に入る」と言われているように、全ての可能性の源なのです。

この宇宙と一体になるのに一番簡単な方法は、瞑想です。瞑想が苦手だという人も多いようですが、ＹｏｕＴｕｂｅには実に多くの瞑想用の曲がアップされていて、誘

導瞑想のための動画も用意されています。

慣れるまではそれらを活用して、**宇宙とつながる時間**を持つことをオススメします。イメージがしやすいもの、気分に合ったものを選ぶのが良いでしょう。慣れてくると、音楽や映像などがなくても、いつでもどこでも瞑想ができるようになります。

私は半身浴をしている時、つながりたくなったら、瞑想をして宇宙に飛んでいきます。インナーチャイルド（２４２ページ参照）やエネルギーワーク・浄霊をする時には、まず宇宙とつながってから行うようにしているのです。

私の誘導瞑想動画がありますので、ＱＲコードを載せておきますね。

ワーク

宇宙と一体になる時間を持とう！

瞑想を毎日しましょう☆

宇宙と一体になる誘想☆どんな夢も実現させてくれる宇宙の源とつながる

https://youtu.be/2odOdEC-oa4

「見えない力」の応援を、たくさんいただく方法

天からのご手配を、できればたくさんいただきたいですよね。

ご手配が増えれば増えるほど、行きたい方向に**加速**がつきます。

では、天からのご手配をたくさんいただくには、どうすればいいのでしょうか？

ひとつは、**「見えない存在たち」とつながる**こと。

神様、龍神、守護霊、指導霊、ご先祖様、天使、妖精などなど、実は私たちの周りには目には見えないけれど、私たちの味方をしてくれる存在がたくさんいます。

そういう目に見えない存在たちとつながることが一番です。

どの存在を選べば良いのでしょうか？　それは**「あなたがイメージしやすい方」**で

良いのです。どの神様とつながっても大丈夫です。

「私は龍神がイメージしやすい」「私はご先祖様がピンと来る」など、人それぞれ。

あなたが身近に感じやすい存在とつながるのがベストです。


「どうやってイメージすればいいですか?」というのも、よく受ける質問です。

「自由に思い描いてみて」が私の答えです。

例えば、天使の姿。ギリシャ神話に出てくるアフロディーテのような、美しくて神々《こうごう》しい女性の天使をイメージする人もいるでしょう。かわいい子供みたいな姿で、ふわふわ飛んでいる姿の天使を思い浮かべる人もいるでしょう。私はイケメン好きなので、めちゃくちゃ凛々《りり》しくてかっこいいイケメン大天使ミカエルを想像しながら、**「ミカエル助けて〜! 守って〜!」**と甘えています(笑)。

見えない力を身近な存在として感じて、普通に会話していきましょう。

どんどんつながりが強まって、願いが叶いやすくなりますよ。

神様はお優しいので、「頼みたい時だけ、声をかけてきて!」なんて怒ったり、不満を持たれたりはしません。どんな人も、かわいい我が子。誰のことも救いたいし、幸せにしたい。だからいつも全員のことを見守り、応援してくれています。

だけど、日頃からよく会話をしている人からのお願いだったらどうでしょう。

更に、その人のがんばっている姿を見ていたら……。ゆるゆる生きている人よりも先に「次のステージに上がれるプレゼントをあげよう」となりますよね。

見えない存在たちも皆、常に私たちを幸せにしたくて、サポートしてくれています。私たちがつながることができれば、アドバイスやチャンスはいつでも用意されているのです。

「目に見えない存在」とつながり、あなたの夢を叶える手助けをしてもらいましょう！　そんなチャンスの扉を閉じているなんて、もったいない！

見えない存在たちと普通に会話をして、ご手配をたくさんいただきましょう！

神様とのコンタクトの取り方

困った時やピンチに立たされた時、つい**「神様、助けて〜！」**と叫んではいませんか？　私はよく叫んでいます。まさに、「困った時の神頼み」（笑）。

「神様には、『お願い』してはいけない」と言われる時があります。その意味は**「神様に一方的に依存してはいけない」**ということです。

自分がするべき努力もしないで、寝っ転がって「神様、お願い〜」と丸投げするのはダメ。神様も当然、そんな時はスルーします。

でも、自分でやるべきことはやりながら、「神様、お願い！」ならOKです。

慣れてきたら、「こういう場合、どうすればいいの？」「うまくいくように導いてください」「どうしてこんなことを起こすの？　神様～」などなど、**家族や親しい友達に話すように日常的に会話をしてみましょう。**

すると、**神様との距離がだんだん縮まって、より親密なコミュニケーションがとれるようになります。**大事なのは、気楽に日常的に会話をすることです。

日常的に神様と会話するようになったら、毎朝、神様にご挨拶しましょう。

①神棚がある人は神棚に向かって、神棚がない人は西か北の方角に向きながら、神様をイメージします。イメージは自分の思うままでＯＫ。ギリシャ神話に出てくるゼウスのようなイケメンでもいいですよ（笑）。

②「私は○○をやります」と、まず自分の決意を告げます。最後に「見守っていてください」と伝えます。

ここで、**神様が他の人よりあなたを応援したくなる「生きる姿勢の見せ方のコツ」**

をお教えしましょう。

それは**「決してお願いをしない」**です。

あくまでも**「がんばります！」という宣言**であることが大事なのです。

でもこの時、私はよく**「お導き、よろしくお願いします」**と言っています。だって神様はいつも導いてくれているから。ちゃっかり〝末っ子気質〟で甘えています♪

「こうありたい」というあなたのイメージを、**できるだけ具体的に神様に伝えましょう。**イメージが曖昧だと、神様は何をどう応援していいのか分からないからです。

また、お願いごとはあなたの私利私欲よりも、**「誰かのために」など、利他的で尊い目的**のほうが、応援してもらいやすいです。

単に「1億円を稼ぎたいです」ではなくて、「1億円で、世界中に笑顔の人たちを増やしたいです」のほうが、神様はより熱心に応援してくださいます。1億円を使った先に、世界中の人々の笑顔がある。ゴールは1億円ではなく、「世界中の人々の笑顔」です。

こうした**「尊さ」が願いの中にこめられていると、神様から応援してもらえます。**

神様に、更に**えこひいきされる**ためには、**神様のお役に立つ**ことです。**神様の願いは、皆の幸せです。**人も動物も植物も地球も、この銀河も。**絶対調和の世にすること**です。

その神様の思いを現実化してくれる人には、神様は多大な応援をしてくれます。

私は霊的な修行中の身なので、神社の浄化・浄霊などもしていますが、皆さんは世界をより良くしていくために、今できることをしましょう。

祈る。寄付する。通りすがりの人に優しくする。自分以外の誰かのための活動をする。身近で、すぐできることから始めましょう。

お墓参りは、したほうがいい？

「お墓参りはしたほうがいいですか？」という質問もよく受けます。

お墓参りには諸説あります。

「ご先祖様のお墓こそが、一番のパワースポットだ」と言う人もいれば、「お墓はただの骨置き場。そこに魂はない」と言い切る人も。

私はどちらも正解だと思っています。

日頃、ご先祖様に対して何もしていないという人は、せめてお墓参りくらいはしてほしいです。でも、**日頃から仏壇《ぶつだん》に手を合わせたり、ご先祖様に話しかけていたりする人で、お墓が遠い場所にある人は、できる時にすれば良い**と思っています。ご先祖様を大事にし、感謝する気持ちから、できることをする。これが正解です。

ご先祖様も、もとは人間だもの。ふだん会話もお参りもないのに、突然「あれやって」「これやって」と子孫から願いごとばかりされたら……、「こいつ、いつもはロクに会いに来ないのに頼みごとばかりして(怒)」ってなるかも。

でも、日頃から感謝を伝えられていて、「こういうふうにがんばりたいから、応援して」と言われたら、自分のかわいい子孫の頼みを全力で応援してくれるはず。

もちろん、お墓参りをして、お墓をきれいにすることは意味のあることです。でもそれ以上に、**日頃からご先祖様と会話することのほうが重要です。**

ご先祖様との会話の段取りをお伝えします。

まず、毎日、お線香をあげましょう。魂はエネルギー体なので、お線香の煙が、お供え物の食べ物や水の役割をしてくれます。

そして手を合わせて、「いつもありがとう」と感謝を伝えてください。最後に「今日もよろしく」と伝えると、気持ちよく応援してくれるでしょう。

私の部屋には仏壇がないので、小皿に練り消しゴムを丸めて置き、そこにお線香を立てています。カジュアルですが、これでも良いのです。

あなたを助けてくれるサポーターとは？

いつも私たちの身近にいて、お願いをされるのを待ってくれている存在たちがいます。頭の上から、肩の後ろから「違う！　そっちじゃない！」「コレをやれ！」と、いつも色々なアドバイスを送ってくれています。ただし、残念ながら私たちにはその姿が見えず、その声も聞こえないのですけどね……。

さて、そんなありがたい存在たちって、誰でしょう？

それは、**守護霊・指導霊・ご先祖様・龍神・天使**などです。

守護霊とは、見えない存在たちの中で、一番身近な存在です。あなたのどんな願いも叶えてあげたいと、常にガッツリとサポートしてくれています。

守護霊になれるのは、霊界で修行をした霊格の高い先祖である場合が多いです。私の父は今世で徳を積んで亡くなり、高い霊格で霊界にデビューしたので、死んですぐに私のサポートをしてくれているようです。

このように、守護霊の多くは、親戚や血縁。

いわば身内なので、親にお願いごとをするように、守護霊にはいくらでもお願いをしていいのです。

あなたの活動の幅が広がり、今世でのお役目が大きくなると、守護霊の人数が急に増えたりします。

実際、私も守護霊や指導霊が凄い勢いで増えました。

最初、私には霊界の中でもとても力のある、特に霊格の高い守護霊が3体ついていました。ところが占いを始めたら、守護霊は一気に17体に！　指導霊もいきなり40体以上にもなったのです。突然の大所帯。私に一体何をさせたいんでしょうね。私のお役目は、どれだけビッグ・プロジェクトなのでしょう？（笑）

逆に、守護霊が1体もいないという人もいます。

守護霊が視えて、会話ができるという方から、「あなたには誰もついていません。もう少しちゃんと生きましょうね」と言われている人を見たことがあります。

「自分の生き方」をきちんとしていないと、守護霊もつかないのです。

ぬくぬく・ゆるゆると波風の立たない人生を送ってきた人、ぬるま湯につかったような生活をしている人に、守護霊は「もっと自分の意志をしっかり持った生き方をしなさい」と言いたかったのかもしれません。


守護霊と並んで、天使も身近な存在です。


スピリチュアル的なことを、何ひとつ経験したことのない私の友人の話です。

その友人の娘には、幼い子（友人にとっての孫）がいました。その娘が骨折をして、「半年くらいの入院が必要」と言われた時のこと。

「仕事があるから、孫の面倒をみられない！　どうにかしなくては！」と思った友人は、ネットで見たことのある方法で、天使をできる限りたくさん集めることにしました。「最善・最速・最高の方法で、娘の骨折を治して！」と天使にお願いをしたところ、なんと1週間で治ってしまったとか。

天使は誰でもお願いできる、かわいい存在なのです。

私には、地球に降りてくる時に龍神が2体、一緒についてきてくれて、いつもサポートしてくれています。見よう見真似で浄霊した時は、いきなり大天使が3体、天から降りてきてサポートしてくれました。

個人差は多少ありますが、龍神も天使と同様に身近な存在です。龍神はあなたからお願いされるのを、待ってくれているのです。

守護霊・天使・龍神にお願いをしてみよう！

守護霊や天使には、**具体的なお願いを遠慮せずにバンバン**しましょう。

彼ら、彼女らは、あなたからお願いされるのを待っています。**「あなたの力になって、あなたを幸せにしたい！」**と強く願ってくれているのです！

なので、「理想のお客様を、どんどん連れてきて」「こんなサポートスタッフが欲しい」「どうしても300万円が今月中に必要なの」……という具合に具体的にお願いするのです。

大事なポイントは、**「絶対来る！」**という前提でイメージすること。

「どうしてもこれが食べたい！」「これが欲しい！」と半端なく強く思うこと。

何回か成功すると、「どのくらいの強さ・具体性でイメージすればいいのか？」という思いの強さの加減が分かるようになります。

東京で人気の街、麻布十番に住んでいた頃、ご近所というだけで、ちゃっかり親しくさせていただいていたスーパー・スピリチュアルな方がいました。私の母が病気で苦しんでいた時には、遠隔で治療していただいたりもしました。

この方が若い頃に、お友達から「どうしても200万円必要なの！ 200万円欲しい！ と強く願ったら、ポン！ と手に入った！」という話を聞いて、「そんな便利なことができるの？」と試してみたそうです。

すると、「水羊羹《みずようかん》が食べたいなぁ」と思ったら、「宅配便です！」と水羊羹の詰め合わせが届く。

「10万円が必要だわ」と思ったら、突然10万円の臨時収入が入る！ 2ケ月でなんと2千万円ほどの金品が届いたそうです。

ただ、あまりに効きすぎるので、話を聞いた皆が真似したがり、道を外れる恐れを感じたそうです。

これを他の人に教えるのはまだ早いと、すぐに封印。ですが、ある日「どうしても甘いものが食べたい!!」と思ったら、「コンビニに行くけど、何か欲しいものある？」とダンナさんが聞いてきたそうです（笑）！

私も先日の朝、「ブランドのスペシャルなチョコを『愛湖さんのために』とプレゼントされる！」と設定したら、なんと！　その日の午後、この本の打ち合わせの席で設定通りのチョコをいただいたのです（笑）。もうびっくり！　最初は別のものをお土産に選ぼうとしていたらしいのですが、「なんか違う」と選び直したのがチョコだったとか。もしかすると、私の集合的無意識が「チョコ～！　チョコをくれ～！」と訴えていたのかもしれませんね（笑）。

ワーク

最初は小さなもので大丈夫。欲しいものを具体的にイメージして、「絶対来る！」「どうしても欲しい」「何がなんでも欲しい！」と強く願いましょう。

「小さなサイン」を見逃すな

いいことも悪いことも、起こる前には必ず何らかの**「サイン」**があります。

会社が倒産寸前に追い込まれる、命にかかわるような大きなアクシデントが起こる前には、実はなんらかのサインが必ずあります。例えば、骨折をしたり、捻挫《ねんざ》をしたり……。私は会社勤めをしていた時、よーく、よーく、転ばされていました（笑）。

起業してからは、謎の熱・謎の全身痛などで寝込んだりしています。

それらは**「今やるべきことは、それじゃないよ」**とか**「生き方を改めなさい」**というサイン。

その小さなサインを見逃していると、少しずつ大きくなって、ついにはドカン！

と大きな病気が見つかったり、大きな事故にあったりします。「ある日、突然」起こる事故はないのです。ただ、小さなサインに気づかず、見過ごしてしまっていたから、「突然、起こった！」と思っただけ。

同じように、つまずいたり、お皿が割れたり、ブレスレットが切れたり、物を失《な》くしたり……、こうした「ちょっと悪いこと」が起こったら、**「あれ？　これには何の意味があるのかな？　何か改めることがあるかな？」**と立ち止まって考えてみましょう。

それが大きなアクシデントを防ぎ、生き方の軌道修正へとつながるのです。

「運気の流れ」にふさわしい行動をとろう

スピリチュアル的要素を使って夢を叶える際に、ぜひ知ってほしいのが**「自分の運気の流れ」**。

絶好調の時期もあれば、低迷する時期もある。絶好調がずっと続く人もいませんし、ずっと低迷し続ける人もいません。程度の差こそあれ、運気にアップダウンはつきもの。これは**成長のために天が定めたサイクル**。なので、**運気の流れに無理に逆らわないこと**です。

運気のアップダウンに応じて、その時期にふさわしい過ごし方があります。

運気が低迷している時に新しい事業を拡大しようとするのは、暴風雨が激しく吹き荒れる中、向かい風に対して猛ダッシュしようとがんばるようなもの。自分では前に向かって、必死で歩いているつもり。でも、全然進まない。時にはトラブル続きなんてことにも。これでは疲れるばかりで、効率が悪いですよね。

運気が低迷している時は、その時なりの「すべきこと」があるのです。

その「すべきこと」は前へ前へと進むのではなく、**「準備の時間」**にあてること。

植物の栽培をイメージしてください。夢の実現という「未来の収穫」のために、土を耕して、種をまく。その後は水や肥料をたっぷりあげる。大きくたくさん実らせるために、この時期は大地に根をしっかりはらせるための行動をすることが重要なのです。

なので、こういう時は**「学び」「己・環境を整える」「やるべき修行をする」**ことに力を注ぐと良いです。

やがて巡ってくる拡大運気に向けて、土台を頑強にするのです。拡大運気の時に、準備の時期に積み重ねた努力が**「追い風」を吹かせ、**あなたをケタ違いのステージへと連れて行ってくれるのです。

Dさんは自分で事業を始めて、「さあ、これから突っ走るぞ!」と意気込んでいました。ところが、占いで「今年1年は、自分で動くよりも家族孝行を徹底的にしましょう」と出たのです。「え、今？　せっかくこれからという時なのに……」と思いましたが、運気の流れに従ってみることに。

いつもはお正月に実家に帰省しても2泊3日のところを、1週間滞在することにしました。すると、どうでしょう？　おばあちゃんが大喜びで、お年玉をめちゃくちゃ弾んでくれたのです！　その額、なんと**100万円！**

実はDさん、私の開催する講座の1年コースを受講したかったけれど、お金が足りなくて、やむなく4ヶ月コースを申し込んでいたのでした。「やった～！　これで1年コースを申し込める！」と、思わぬボーナスを手にしたDさん。

その後も、事業より家族孝行を優先していたら、ダンナさんが異例の出世をして役員に就任。**年収がなんと2倍に！**

同じく「家族優先」の星回りを迎えたEさん。会社勤めと育児をしながら副業に夢中になっていたら、幼子が3人いるのに、離婚の危機に！

「だから言ったじゃないの～！　とにかく今は、家族を優先して！　その〝徳積み〟が、拡大運気に入った時に応援に変わるのよ！」と伝えたところ、彼女から2ケ月後に「今が一番ラブラブです」と連絡が来ました。拡大運気に入る頃には、ダンナ様が一番の理解者かつ応援者となり、彼女の家事労働をいかに減らせるかを本人よりも一生懸命に考えてくれていると、報告をもらいました。

天が与えた課題をクリアすると、「予想してなかったけど、コレめちゃくちゃ嬉しい！」というプレゼントを必ず受け取れます。逆に、この課題をクリアしていないと、拡大運気に入ってビジネスが絶好調！　ここから本番！　という時に、この課題が台風並みの逆風を吹かせ、障害のように行く手をはばむのです。

「運気の流れを上手につかんで生きる」と心に決めて、階段を一段ずつ上がっていたら、階段がいつの間にかエスカレーターになっていた！　気づけば、え!?　こんなに!?　という階層へ連れて行ってもらえちゃった！　そんな**ミラクルが起こる**のです。**自分の力だけではとても辿り着けない世界へ、運んでもらえる**のです。

パワハラ上司がいて、ブラックな職場環境でストレスまみれだったFさん。

アドバイス通りの行動をしたら、長年苦労させられた上司が急に辞めることに！　更に、仲の良い素晴らしい人が上司となり、職場が一転して天国に！

着物のリメイクを仕事にしたいけれど、会社勤めと子育てが忙しくてできずにいたGさん。なんと、会社が新規事業で着物のリメイクを始めることに！　アドバイス通りの行動をしていたから、全然関係ない経理部所属なのにチームに入れてもらえた！

運気の流れに上手に乗っていると、見えない力が働いて、こんなミラクルは普通に起きるのです。

自分の「運気の流れ」を知り、その流れに敏感になりましょう。

運気が低迷している時には、しっかり準備。徳や修行を積み上げる。そして、**運気が上昇した時には思いっきり行動しましょう！**

Dさんのように、自分だけでなく、周囲の人たちも上昇気流に乗せ、幸せにできる。「運気の流れに乗る」というのは、そんな大開運方法なのです。

どの占いを信じればいい？

「自分の運気の流れを知る占いは、何がいいですか？」という質問をよく受けます。

私は「自分が『**これだ！**』と思えるもの、『**当たってる！**』と感じるものにしましょう」とお伝えしています。

九星気学でも四柱推命でも、西洋占星術でもマヤ暦でも宿曜《すくよう》でも、なんでもＯＫ。

大事なのは、**自分で信じる占いをひとつに決める**こと。

ちなみに、私は経営者が学ぶ成功哲学を学んでいた24歳の時から、周りの経営者たちのマネをして、九星気学をずっと信じています。

それでも西洋占星術や宿曜など、他の占いで観《み》てもらう機会もありますし、絶好調拡大運気の時に、他の占いでは天中殺と言われることもあります。

こういう時は、いい方だけを信じるのではなく、「他の六白金星の人たちよりも勢いがないので、何かを学ばされる1年になるんだな」、と両方を受け止めるのが正解です。

占いを学ぶまでは毎年、年末になると九星気学の占い師さんのところに行き、翌年の運勢・3年間の流れを開き、翌年の自分のバイオリズムをつくってもらっていました。その流れに合わせて、翌年1年間の計画を立てていたのです。

今も運気が下がっている月には、イベントは入れず、仕事でも勝負をかけないようにしています。自分が充電できるように、勉強の時間にあてたり、のんびり大人しく、ゆっくり過ごしたり、パワースポットに出かけるようにしています。

自分の運勢には逆らわない。
それが一番ラクだし、結果的に一番効率的です。

仕事をしていると、運期が悪いから1年間はお休み、というワケにはいきません。それでも私のように自分でビジネスをしている人は、「1年の中で、どこにピークをつくるか」のコントロールはできます。なので、私は年に1、2回ある上昇運気の時にキャンペーンをしたり、3ケ月の大波の時には、その年の自分の運勢と合わせて考えて、キャンペーンのやり方を決めたりしています。その年の運勢によって、「自力」「紹介」「大物の力を借りる」など手法を変えるのです。

逆風に逆らうムダなあがきをせず、その時にすべきことをして準備を整え、好運期が来た時には、その時の運勢にのっとった方法で一気に動く！　すると追い風に乗れて、凄い成果が得られる。

これが、**効率よく「天の追い風」を受け取れる方法**なのです。

九星気学の師は言っていました。

「運気通りに動いていれば、成功することなんて簡単だ」

ワーク

自分の1年間の運気をチェックしましょう！

スピリチュアル的手法の「落とし穴」

スピリチュアルにはまるとやりがちなのが、**「願えば叶う」と思って、願うだけで行動しないこと。**この落とし穴にはまる人はとっても多いです。

特に風の時代に突入してから、スピリチュアルな感覚に目覚める人が爆増。宇宙感覚が開いた人が増えたのです。それとともに、努力やがんばりを「ダメだ」と言う風潮が生まれました。

「がんばる・努力、そんなのは全部、土の時代のもの。今はもうがんばらなくていいし、覚悟や努力なんていらない！　願っていれば叶うのよ！」と言い出したのです（本当は「土の時代」ではなく、「地の時代」なんですけどね）。

スピリチュアル系の本などでも「願えば叶う。だから常に幸せな心地でいましょう。

そうしたら、幸せは勝手にやって来ます」と書いてあるものが多い。

そのせいか、受講生さんの中には「最近どう？」と聞くと、「常に幸せな気持ちでいるために、最近は瞑想をしています」という返事が返ってくることも。

いやいやいや……。

「それじゃ、現実は変わらないから！　私の言うこと聞いて！」

と、言ってしまいました（笑）。

もちろん、瞑想は大事ですよ。宇宙とつながれるし、天と会話する時間にもなるし。でも、瞑想しているだけでは足りません。

夢が叶うのは、行動があってこそ。動かなかったら何も始まらない。だから、私は2千人のイベントで声を高らかに言いました。

「覚悟を決めろ！　腹をくくれ！　がんばれ！」と。

行動の先にしか、ミラクルは起こりません。

やるべきことをやらずして、ミラクルは起きないのです。だから、「達成するまで行動するぞ！」という覚悟を決めて動くことを忘れないでください。

宇宙では、「あー、リンゴが食べたいな」と思ったら、リンゴをパッと出せるそうです。でも、ここは地球。そんな現象は起きません。

「リンゴが食べたいな」と思ったら、お店に買いに行く。買うにはお金が必要。自分で行動しないと、欲しいものは手に入らないのです。

「願えば叶う」と言って行動を起こさない人は、家の中でずっと「あー、リンゴが食べたいなー」と言いながら寝っ転がっているのと同じ。3年後に、親戚のおじさんからリンゴが送られてきて、「ほら、来た！　引き寄せ！」とか言っている感じです。

……おめでたいな～（笑）。

おーい！　3年も待っているヒマがあったら、その間に自分でお金を稼いで、自分でリンゴを買いに行くほうが幸せな人生、送れそうじゃないですか!?

「願う」に「行動」をかけ合わせると、ミラクルが起きます。

願うだけでは足りないのです。

願えば「叶う」のではなくて、**願ったら「まず行動！」**を。

スピリチュアルの落とし穴にはまらないよう、気をつけて。

理解の浅いスピリチュアルの人が教える夢叶法則は、今の自分をそのまま愛し、トラウマ・執着を手放し、100パーセント自分を信じる。そして瞑想をして、宇宙とつながり、全てを天にゆだねていると、スルスルとうまくいく、というもの。

そして、スピリチュアル講座の先生と生徒は次のような会話を繰り返します。

「できると信じきるのよ！」「信じきれません！」「信じきるのよ！」「分かりません！」「不安を手放しなさい」「手放せません！」

こうして9割の人が迷子になるのです。この方法に足りないのは次の3つ。

- 「何がなんでも実現させたい！」という「強い欲望」
- 「何があってもやりぬく！」という「覚悟」
- そして結果が出るまでやりぬく「行動力」

天からの「追い風」を吹かせる新しい生き方

2020年12月、地球では約2000年続いた「地の時代」が終わりをつげ、これから約200年続く「風の時代」がスタートしました。

地の時代から風の時代への切り替えの時期に、新型コロナウイルス感染症が世界で蔓延《まんえん》しました。

働き方も大きく変わりましたよね。毎日通勤していたのが当たり前だったのに、自宅での在宅勤務が日常に。オフィスを縮小する会社も続出しました。

風の時代のキーワードのひとつ、**「オンライン化」**が一気に進んだのです。

風の時代を象徴する、大きな変化でした。

この時代の流れに、いち早く乗れた人たちは皆、ケタ違いの人生のブレイクを迎えています。いきなり億超え！　いきなり世界へ！　アラフィフ主婦が、いきなりパリコレデビュー！　起業わずか数年で成功し、更にはいきなりベストセラー作家に！

この時代の風にすいすいと乗って、ケタ違いを起こせるキーワードをお伝えします。

風の時代のキーワードとは？

この先200年続く風の時代は、みずがめ座でスタートしました。その後、2000年続く「みずがめ座の時代」もスタートしました。なので、世間一般で言われている風の時代のキーワードとは、実は「みずがめ座のキーワード」なのです。

風の時代のキーワードは、**自由への熱望、個人主義、オリジナリティ、独創性、覚醒、自由、平等、ニュートラル、博愛主義、共感共鳴**など。

特徴は、**自由で壁がない**こと。

みずがめ座は凄く独特な感性で、我が道を行く星です。**「来るもの拒まず、去るもの追わず」という性質があって出入り自由。**風のごとく、流れを止めません。

また、風の時代では人間が本来持ち合わせている**スピリチュアルな能力**（「なんと

なく」を感じ取る力）がどんどん開花していきます。

だから「よこしまな気持ち」はすぐにバレます。適当なことを言っていると、「口では立派なことを言っているけれど、なんとなく変、なんか胡散臭《うさんくさ》い」と思われ、人が離れていきます。

私利私欲で商売をしている人は「あの人は自分のことしか考えていない」とお客様から見限られて、他の店に逃げられる。これから生き残っていくのは、「この商品で幸せになってもらいたい」「これを使って、生活を豊かにしてほしい」という純粋な動機・利他の心で仕事をしている人です。本物しか選ばれなくなっていきます。

そして**「魂の喜ぶ生き方をする」**のも風の時代にふさわしい生き方。ビジネスも、自分の魂が喜び、結果も出せるものでないと成立しない時代に入ってきました。

伝統の崩壊、破壊と再生

地の時代は、「王道の人生」が良いとされてきました。

「いい大学を出て、いい会社に就職するのが一番」「いい家・いい車・たくさんのお金が『勝ち組』の象徴」。大企業に勤めたなら一生安泰だ、と信じられていた時代です。

でも、今は風の時代。「伝統の崩壊」「破壊と再生」も大きなキーワードです。もはや終身雇用を維持するのは無理と誰もが思っているし、新型コロナ禍の数年前からノマドワーカーや海外を転々として暮らす人たちが増え、新型コロナ禍で、更に自由な生き方を望む人たちが一気に急増しました。

これまで**「絶対」とされてきたものが、揺らいでいる**のです。

「会社はあてにならない。だから副業しよう！」「収入の柱は8個持て」と言われる時代へと変化しました。

私はこの考え方、正解だと思っています。投資でも「リスク分散」と言うけれど、収入源も同じ。色々なことをやっていれば、新型コロナ禍のような大嵐の時に、たとえひとつがダメになったとしても、8個もあると他の収入源が伸びてくるので安泰です。そこを伸ばせば、トータルではより大きい収入が手に入ることも。

「定年まで1社に骨をうずめる」という地の時代の生き方ではリスクが高く、人生1

00年時代を生き抜くことはできません。

生き方、働き方が大きく変わる

今の若い世代の人たちを見ていると、**二極化**が激しくなっているなと感じます。

海外に出て、いきなりポーン！と起業して活躍。流れが変わったなと思ったら、なんと拠点とする国を変えて、別事業を立ち上げていたり！「国境」に対する意識がうすいのかもしれません。ボーダレスに世界を軽々と行き交う自由さを持っているのです。

その一方で、夢も希望も抱けず、家に引きこもってしまう若者も……。

小中学生の不登校児童の人数は30万人近く（長期欠席者は約46万人。2023年10月・文部科学省調べ）だそうです。現在の学校や教育制度が、風の時代に合っていないことの表れではないでしょうか。不登校に悩む親御さん、学校以外の勉強方法を検討しましょう！それで良い時代なのです！

教育だけでなく、働き方やキャリアの積み方もガラリと変わりました。

かつては、例えば「寿司職人になりたい」と思ったら、有名な大将のもとで皿洗いから始めて、何年も下積みを重ね、大将の背中を見ながらワザを盗んで……が定番。

でも、今は全然違う。寿司職人を育てる専門学校で半年くらい習ったら、海外で働けばいい。外国のお寿司屋さんではｓｕｓｈｉロールばかりでにぎりを握れる人が少ないので、引く手あまた。人によっては、日本の3倍のお給料がもらえるそうです。

思い立ったら勉強して、サーッと海外に行っちゃうのが風の時代らしい生き方。「こういう手順を踏んで、こういう生き方をしなければ、この道ではやっていけない」という「古い概念」「固定観念」がないのです。

会社の選び方も同様です。昭和時代は、ひとつの会社に定年まで勤めるのが当然でした。それが、自分に合った会社を求めて転職するジョブ・ハンティング型に変化。

更に風の時代では、会社や組織へのこだわりがなくなります。

「このプロジェクトは、Ａさんたちと組んでやろう」「次のプロジェクトは、Ｂさんたちと一緒に組もう。Ａさん、またの機会に！」。こんなふうに、その時、そのつど、最適なチーム編成をしていくのです。だから、必ずしも会社に所属していなくたっていい。まさに出入り自由。枠にとらわれず、柔軟に形を変えていくのです。

会社や組織の力ではなく、個人の力で生きていける時代になりました。

でもその分、**「本物しか生き残れない」**時代でもあるのです。

そんな風の時代に合った生き方をすれば、軽やかに生きやすくなり、また、天からの追い風を受けることができるのです。

上昇レベルが半端ない！

風の時代が凄いのは、宇宙の力も後押ししてくれるので、上昇の仕方が半端ないことです。地の時代の収入の上がり方は、とっても地道。「課長から部長に昇進してお給料が上がったね！」くらいの人がほとんどでした。

でも、風の時代は規模感が違う。「起業して、いきなり売上1000万円！」「収入が二ケタずつ上昇中！」など、**スケール感がケタ違い**なのです。

海外の富豪の間では、ビジネスで「何十兆円」なんて金額は当たり前。「何京《けい》」「何垓《がい》」など、**聞いたこともない単位のお金のビジネス**が日常会話！

資産家ヒエラルキーの図を見ると、「ミリオネア」は富豪層の中では最下層なんだとか。世の中には公開されていない図なので、お見せできないのが残念です。

その上位層は、まさにケタ違い中のケタ違い！

こういう**「上がっちゃった人たち」**は、宇宙にまで突き抜けちゃっているから、地球の家族の反対・陰口・非難・足の引っ張り合いのようなネガティブな引力とは無関係。

だからこそ、やりたいことは圧倒的な速さで叶う。**無敵の無重力状態**なのです。

この方々は言います。

「こっちの世界は、ラクで楽しいよー！　早くおいでー！」と。

みんなで早く「そっちの世界」へ行きましょう！

ワーク

風の時代のキーワードを意識して、時代に合った生き方をしましょう。

毎日ミラクル！
魂を喜ばせる方法　初級編

風の時代が来る時、よく「魂が喜ぶ生き方」をしよう、という話をしていました。

それでは魂って、どうやったら喜ぶのでしょうか？

答えは簡単です。**1日1回、自分が喜ぶことをしてあげる**のです。

簡単なんですが、これがもの凄く大事！　仕事や家事、育児、介護などで、いっぱいいっぱいになっている自分の心を解きほぐしてあげましょう。


あなたが今、ダイエット中で甘いものは我慢しているとしましょう。それなのに「今、めちゃくちゃ甘いココアが飲みたい！」と思ってしまいました。

そんな時はぜひ、甘～いココアを思いっきり飲んでください！

「あー、もう仕事をほっぽり出して半身浴したい！　もう無理！」と思ったら……。仕事の手を止めて、半身浴しちゃいましょう！

小さなことでもかまいません。自分が心から「嬉しい！」と思えることをやる。いつもは「やめておこう」と思っていることでも、それをやったら自分が本当に喜ぶなら、1日1回は自分の心を解放してあげましょう。

大事なのは、その時「罪悪感」を抱かないこと。

「ああ、ダイエット中だというのに、甘いものを食べてしまった……。私は心が弱いな」とか「仕事をほっぽり出して、半身浴をするなんて……。集中力がないな」と自分を責めるのはストップ！

それより「あー、やっぱり甘いココアはおいしい！　幸せ♪」「半身浴をすると、体もほぐれるし、心が落ち着くなー。最高！」と、心が喜ぶ「声」にしっかり耳を傾けましょう。

「あ、ちょっとやってみたいな」「これかも！」と少しでも思ったことは、ためらわずどんどんやってみてください。

「今日は家まで、いつもと違う道を通ってみようかな」とふと思ったら、それもぜひ実行を。ひらめきには意味があります。「天からの声」のこともあります。

たまたまいつもと違う道を歩いていたら、友達と10年ぶりにばったり再会して、「え、今、そんな仕事しているの？　だったら、これやらない？」と思いもよらないビジネス・チャンスが転がり込んでくる……。そんな素敵なことも起こり得ます。

「魂が喜ぶこと」がすぐに思い浮かばなかったら、**「私の魂が喜ぶことって、何だろう？」とアンテナを伸ばしておくことが大事。**ある時、誰かが何気なく言ったひと言に、「それだ！」と気づくこともあります。

「あー、ビールが飲みたい！」と魂レベルで望んでいたら、ぜひ飲んでください。おいしく飲めて、心地良い酔いに幸せな気持ちに満たされたら、顔がむくむこともありません。

でも、脳が欲していて飲むのはダメ。むくみを心配していると、実際にむくみます。

肝臓を気にしていたら、実際に肝臓が疲弊します。甘いものも同じ。魂が求めていたら、おいしく食べて、太らない。脳が欲して食べるから太るし、お砂糖中毒にだってなってしまうのです。

「魂が欲しているのか？　脳が欲しているのか？」を見分けるコツがあります。それは瞬間的に「あ、欲しい！」「あ、おいしい！」とビビッ！と感じるかどうか。

知り合いのKさんは、缶ビールのラベルを見て、ビビッと来たものをパッケージ買いすることにしています。

それを冷蔵庫に並べておいて、「飲みたいな」と思った時に、「あ、これがいい！」と感じた缶を開けるそうです。口にした瞬間に、「あ、これじゃない！」と思ったらすぐに止めるのだとか。

「もったいないから」という気持ちで飲み続けるのは、脳が欲している状態です。

飲んでいる途中で、「なんだか、もうおいしくないな」と思ったらその時点で終わりにする。自分のふと思った一瞬の気持ちに敏感に反応し、1缶全ておいしく飲めたら魂的に大当たり！　そうやって、魂の声を聞く練習をしているそうです。

スーパーで買い物をする際、飲み物や食べ物のパッケージを見て、「あ、これかわいい！」「これ、好み♪」と思ったものを買う「パケ買い」からトライしてみましょう。

当たり・ハズレを続けていくうちに、「魂が本当に喜んでいるかどうか？」を敏感に感じ取れるようになるでしょう。

ワーク

・心からやりたいことで、自分を満たす時間を過ごしましょう。
・日用品を、「好き！」「いいかも！」でパケ買いして、魂の声を聞く練習をしましょう。

毎日ミラクル！
魂を喜ばせる方法　上級編

心が解放されると、魂も自由に解き放たれます。解放された魂は、天や宇宙、潜在意識の声をすんなりキャッチできるようになります。すると、次々と嬉しい引き寄せが起こり出すのです。

「自分の魂が喜ぶことって、何だろうな？」と考えてみてください。それは本来の自分らしい生き方をすること、本来の自分らしい時間を過ごすことです。

ちなみに、私の場合は「何もしない時間」を過ごすこと。

これを私の知り合いに言うと、決まって「うそー！　まるで真逆じゃない？」って驚かれます（笑）。私に対して「いつも動き回っている」イメージがあるようです。

実際、代理店時代は、朝から翌日の朝まで仕事をしつつ、仕事の合間に遊びに出かけ、平均睡眠時間は3時間という生活でした。起業して1年目も睡眠は3～4時間。

しかし子供の頃は、「窓から見える、朝焼けに染まる富士山がキレイ♪」と陽《ひ》が昇りきるまで眺めたり、庭のバラに「なんて美しいの♪」と見入ってはボーッとしたりしてしまう子供でした。

これが本来の私の姿で、そんな「何もしない時間」が魂が喜ぶことでした。なので今は、「あ！　空がキレイ♪」と思うと、仕事をほっぽり出して、飽きるまで空を眺めたり、散歩に出かけたりしています。

5分くらいで終わることもあれば、「気づいたら2時間も経《た》っていた！」なんてことも。去年からは、会社員時代に憧れていた「昼寝」もよくしています。

こんな時間を持った方が、無理にあくせく仕事をするよりも簡単に、驚くほどラクに、成果が上がったりするのです。不思議ですよね。**子供の頃に興味があったことや無意識にやっていたこと**が、実は自分の魂が喜ぶことであることが多いです。

私の場合は、「ボーッとしているのが好き」ということのようです。

小学校の頃、私の家では、家の掃除は子供の役目でした。

掃除機をかけながら、廊下の窓から差し込む光の帯の中で、埃《ほこり》がキラキラと舞う情景に心を奪われ、「キレイだな〜」とボーッと眺めていたのです。すると、父から「愛湖！　手を動かせ！」と、よく怒られていました。毎日のように、大きな木のてっぺんに登って、風に揺られながら何時間もボーッと空を眺めたりもしました。

宇宙と一体化して、神様とも日々つながり、見えない存在たちとコンタクトを取って、そして魂を喜ばせるような丁寧な暮らし方をする。

そんな時間にも心にも、ゆとりのある暮らし方。実はこの生き方が、がむしゃらに仕事をするよりも早く簡単に、ケタ違いのミラクルを起こす生き方なのです。

私も瞑想や、この本の終盤で紹介しているインナーチャイルド・トラウマの解消などをすると、無理に仕事をしなくても、売上が上がるようになったのです。

ワーク

魂が喜ぶことは何かを見つけて、短い時間で良いので実行しましょう。

第3章

夢叶メソッド②
量子力学

波動を高めて、
現実を好転させる

宇宙はあなた、あなたは宇宙

量子力学では、人間の体をはじめ全ての物体、光も空間も、そして意識や感情すらも、**目に見えない小さな粒**（素粒子）が集まってできていると考えられています。

量子力学的夢叶法則で注目されているのが、その小さな粒の中の**光の粒子「フォトン」**です。

細胞を構成している原子は、原子核とその周りを飛ぶ電子で構成されています。更に原子核は陽子と中性子でできています。この電子や陽子、中性子を構成しているのが、物質の最小単位とされる**「素粒子」**です。

原子の中はほぼほぼ空洞で、そこにはエネルギーが詰まっています。つまり私たちは、ほぼほぼエネルギーが詰まった空洞でできていると言えます。

銀河の渦

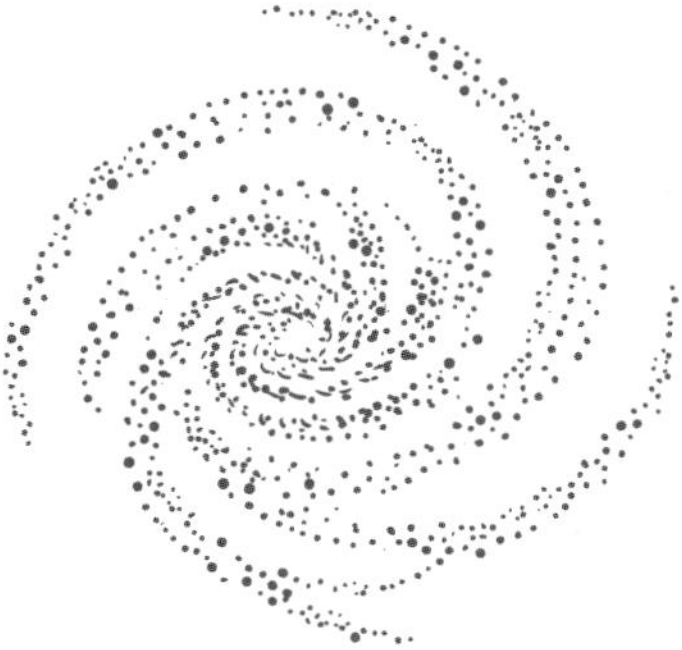

DNAの二重らせん

そして、これらのエネルギーや物体を創り出す源を**「ゼロポイントフィールド」**といいます。ここは「何もなく、そして全てがある」と言われている、いわゆる**「色即《しきそく》是《ぜ》空《くう》」のような世界**なのです。

エネルギーが無限大に湧き出る場。無から有を生み出す場。宇宙も生み出せば、私たちも生み出す。全ての望みも、ここから生み出されるのです。

そんなゼロポイントフィールドは宇宙にあるかと思えば、なんと、私たちの体内にもあるのです。

宇宙・銀河は渦を巻いて常に回転しています。そして私たちのＤＮＡは、宇宙と同じスパイラル（二重らせん）構造をしています。同じ源から生まれた、同じ構造を持つ者同士、つまり「宇宙＝私」なのです。

だから、自分の中にも宇宙がある。つまり、私たちの中にもゼロポイントフィールドがあるのです。

感覚的には男性は丹田《たんでん》、女性は子宮に宇宙があり、源とつながっているのです。

以前、体調が絶不調で息も十分に吸えなかった時、私はあまりの苦しみから、逃れるように瞑想していました。すると、子宮の辺りからワーッと宇宙が広がっていって、その瞬間、体の内側から酸素が湧いてきて、呼吸がラクになったのです。まさに、無から有を生み出したのです！　この時初めて、**「ああ、本当に宇宙って自分の中にあるんだな」**と実感しました。

私の中に宇宙はある。

宇宙を創り出した創造主として神様（主《す》神《しん》）がいる。

そういう意味で、神と私はいつも一緒だし、神はいつも私の中にいる、とも考えられます。

私の中にいるのだから、いつでもどこでも話ができます。亡くなった両親やペットと会話するような感覚と同じです。実際、私は神様と会話するようになってから、お導きが凄くなったんです！

このゼロポイントフィールドを意識すると、無限の可能性が開けます。**自分の中の宇宙とつながると、想像もつかない力が引き出されます。**

宇宙が味方してしまう人の最強波動とは？

光の粒子フォトンの波動には、高さの違いがあります。

この波動の高さを、量子力学の世界では、振動の数やヘルツ（ＨＺ）で表現しています。嬉しい時、フォトンはもの凄い勢いで振動して、ヘルツの高い粒になります。怒ったり不安がったりしていると、振動数が少なく、低いヘルツの粒になります。

この振動数が多い状態、ヘルツが高い状態を「波動が高い」と言っています。

嬉しい時には「嬉しいフォトンの波」、怒っている時には「怒りのフォトンの波」となって、光の粒が飛びかうのです。

ポジティブな感情の時や集中した時のフォトンは波動が高く、一方でネガティブな感情の時や集中していない時のフォトンは波動が低く、振動数も少ないです。

**波動とは……光の素粒子から生まれた振動が、
周りに伝わっていく時の波のこと**

波動のかたち

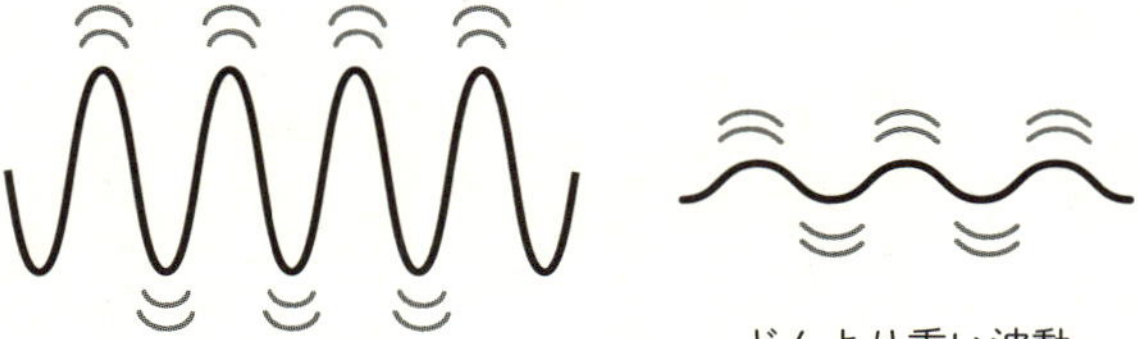

軽やかな波動
楽しそうな波動　嬉しい波動

どんより重い波動
悲しい波動　　つらい波動
不安な波動　　怒りの波動

波動の高い・低い

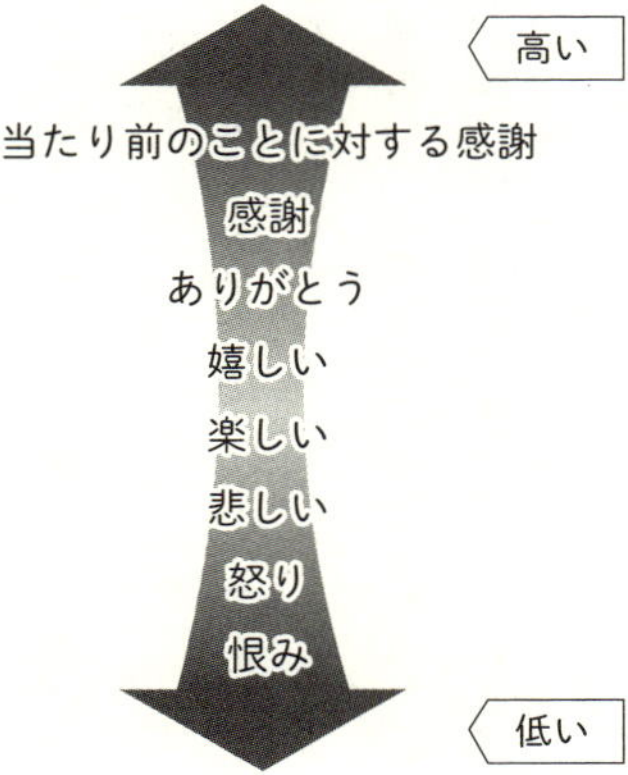

ポジティブな感情とは、ありがとう、嬉しい、楽しい、感謝……などです。

なかでも、**一番波動が高いと言われているのは「感謝の波動」**です。

例えば、誰かに贈り物をもらったり、手伝ってもらったり……人に何かをしてもらうと、感謝の気持ちが湧きますよね。相手から何かをしてもらって感謝するのは、ごく自然なことかもしれません。

でも、誰かから何もしてもらわなくても、何もなくても感謝できる、**「当たり前のことに対する感謝」の波動こそが最強の波動**なのです！

そして波動が高くなればなるほど、「嬉しい」「楽しい」の現実化が起きます。

朝、目覚めたことに感謝。今、息をしていることに感謝。今日も生きていられることに感謝。今日も食事ができることに感謝。

私たちはこの世に生まれた時、何も持っていませんでした。それが今では、買い物できるお金がある。プライバシーを守ってくれる家・部屋がある。ひとりぼっちで生まれてきたのに、今はたくさんの友達や仲間がいる。そのことにも感謝。

白血病など生死をさまよう重い病気と闘った人は、「今夜眠りについたら、明日の朝、目覚めないかもしれない」という恐怖を感じながら、眠ったと聞いたことがあります。だから朝、目が覚めた時に「今日も生きられる！」と感謝をするのだそうです。

今、私たちが健康であること、朝、目が覚めること。何ひとつ、当たり前なことなどないのです。**「当たり前に感じること」にこそ、感謝をしましょう。**

とはいっても、何もないのに感謝するのは、慣れていないと難しいものですね。かくいう私も感謝が足りない人間なので、そうありたいとふだんから思って努めてはいるものの……目覚めたことに感謝できるまでには至っていません。まだまだ修行が必要です（笑）。

ワーク

毎朝・毎日、当たり前のことに感謝をしましょう！

「最強の波動」へと導く意外な言葉

人は悪いことは気づきやすいのに、いいことは「当たり前」「普通」と流してしまいがち。家族が何かをしてくれるのは当然で、やってくれないと「何でやってくれないの?」と怒っていないでしょうか。心の中では「ありがたいな」と思っても、照れ臭くて口にせず流してしまうこともあるでしょう。

でも、そういう小さなこと一つひとつに気づいて、些細《ささい》なことにも感謝の言葉を伝えていると、波動はぐんぐん上がっていきます。口に出すのが恥ずかしくても、ちゃんと伝えましょう。おどろくほど早く、波動に変化が現れますよ。

書家の武田双雲さんは、道端の草にも感謝しながら歩くそうです。「僕を感動させてくれてありがとう」と言いながら歩くので、5分で着く距離なのに、

30分かかることもあるとか。武田双雲さんの波動は、相当高そうですね。

もし家庭の中で親子関係がうまくいっていない、夫婦関係がよくない、嫁姑問題が勃発中という場合や、会社の上司や同僚、それに友達との仲がぎくしゃくしている場合には、ぜひやってほしいことがあります。

それは、**ちょっとしたことに、ことごとく「ありがとう」を言う**こと。

私は、実家に暮らしていた時、父親ともの凄く険悪な時期がありました。仕事に支障が出るからと、1週間以上も家に帰らないことも。このままでは本当に仕事にならない！　なんとかしなくては……と思っていた時に実践したのが、この方法です。

父の「○○さんから電話」という手書きメモを見つけたら「ありがとう」。何かちょっとしたお役立ち情報を教えてくれたら、「へ～！　そうなんだ！」ではなくて「ありがとう」。とにかく、どんな小さなことにも「ありがとう」。

父とは近くにいるだけで気まずい関係でしたが、とにかく何でもかんでも「ありがとう」と伝えました。

すると、なんとたった数日で父親の態度がガラリと優しく変わったのです。顔を合わせても険悪にならず、家の中の雰囲気は急速に穏やかに、居心地も良くなりました。憎しみすら感じているパートナー、昔から大嫌いな親に、初めは心を込めるなんてできないかもしれません。それでも少しだけ、気持ちを入れて言ってみてください。どんな些細なことに対してでも、です。

「ありがとうは魔法の言葉だよ」と、よくお伝えしています。本当に魔法のように、相手との関係性がスルスルと良くなります。「気持ちを入れる」のがミソなのです。

同じ振動数・同じ波動の人が周りにいると、共振・共鳴します。つまり、似た波動同士が引き寄せ合うので、高い波動の人は、波動の低いものを寄せつけません。高い波動の人同士が共振すると、プラスαの相乗効果も生み出します。最強波動になって、最強波動の人たちと、生きたい世界を自在に創り出していきましょう！

実は、「感謝」**よりも更に波動が高い言葉**があるそうです。

「これでいいのだ！」

という言葉です。マンガ『天才バカボン』で、バカボンのパパが口グセのように言っている言葉です。

いいことも悪いことも、全て**「これでいいのだ！」**

たとえ、悪いことが起きたとしても、終わり良ければ全てよし！

「オールOK！」、全てを受け入れる。

ビートルズの名曲「レット・イット・ビー」も、日本語に訳すと「これでいいのだ！」に近いかもしれませんね。

実は、**天の配剤に身を委ねる生き方が、最も波動の高い生き方**なのです。

これは上級者向けなので、このことを詳しく教えている人は少ないです。

たとえどんな苦難・試練が来ても、物事がうまく進まなくても、それは今のあなたに必要だと天が与えたもの。乗り越えた先には、大きなプレゼントが用意されている！

だから、どんなことも「これでいいのだ！」と考えてみる。

これができたら、あなたは真に**最強で最高**です。

ワーク

・どんな些細なことにも、どんな嫌いな人にも、「ありがとう」を伝えましょう。

・「これでいいのだ！」を口ぐせにしましょう。

波動は高く、クリアに！

神社にお参りに行ったり、部屋のお掃除を終えたりしたあとは、**「す～っ」とすがすがしい気持ち**になりませんか。それは自分の波動が高く、そしてクリアになった証拠。そういう時は、**いいものを受け取りやすい**です。

某業界で世界一の実績を上げた代理店の社長さんは、月に1度「クリーンデー」を会社で実施しています。その日は、社員全員で壁からコピー機のボタンのすき間まで！　とにかくオフィスの隅から隅までをピッカピカに磨くそうです。

「ものを磨くと、心まで磨かれる」と、社長さんは言っていました。その気持ち、分かる気がします。

私は小さい頃、お盆と年末には必ず仏具をピカピカに磨かされていました。最初は正直、イヤイヤやっていました。でも磨き上げてみると「自分がこれをキレイにしたのよ！」という優越感と、ピカピカになった仏具の美しさに大満足。そこから、ものを丁寧に扱う気持ちや、キレイな状態を維持しようという気持ちが働くようになりました。こうしたことも、波動の高い毎日につながっていくのです。

ちなみに、量子力学を学んでいる人には波動の測定が大好きな人が多いようです。医療現場で、その人の症状や体質に一番合った薬を選ぶために、波動を測定することがあります。性格分析に近いことにも適用できますし、声の波動から、体調・使命も分かります。やり方によっては、ビジネスのコンサルにも使えます。

私も波動測定は好きで、色々な測定を何回もしてもらいました。「感性が豊か」「理屈っぽい」「他人のために動く人」などの結果が出ました。測定方法は様々ですが、波動の凹凸を見て、その人の性格や状態が分かるようです。

私の場合、占いの鑑定をしている時は全部の波動が「グン！」と上がるのに、そうでない時は凹凸の偏りが凄いらしいです（笑）。

波動を測定するための、色々な最新機器を体験するのも楽しいし、波動を高める気づきも得られますよ♪

参考までに、私が受けた波動測定を紹介しておきますね。

・体調診断
・物との相性診断
・声診断
・タイムウェーバー

どれもオススメです！

一日が24時間以上に増える？量子の驚異的な力

世界中のどんな人でも、一日は24時間で共通しています。どんなにお金があっても、時間を買うことはできません。でも、24時間を30時間分、40時間分にすることはできます。時間の使い方を変えると、**「時間の濃さ」が変わる**のです。

そのためには、何をすればいいと思いますか？

その答えは、**「全集中」**です。

優れたスポーツ選手がよく口にする**「ゾーンに入る」**という状態のことです。めちゃくちゃ集中した時って、時間が経つのを忘れますよね。全集中できると、ものの凄く作業がはかどります。この全集中の状態をできるだけ長く維持できると、時間を24時間以上の濃さで利用できるのです。

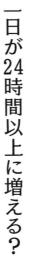

とはいえ、さすがに「24時間全集中！」とはいきません。

「ここぞ！」という場面で、全集中の状態にスイッチを切り替えられるのが理想。そのための練習方法を2つ、紹介します。

ひとつは、**「呼吸」**の利用です。

「吸って……、吐いて……、吸って……、吐いて……」だけを考えます。

呼吸以外のことは考えない時間を、まずは1分間続けます。1分を過ぎると、「そういえば……、今日の夕ご飯はどうしようかな」など、別のことを考え始めるはず。

そうなったら、いったん終了。仕切り直して、改めて呼吸だけに意識を集中……。

このように、**「呼吸に集中する時間」**を繰り返していきましょう。

集中する時間を1分から3分、5分……と少しずつ延ばしていきます。

すると、呼吸に集中できる時間がだんだん増えていくはず。

それとともに、集中力も高まっていきます。

いつの間にか、自分が「集中したいな」と思った時にスッと全集中できるようになります。

もうひとつは、**「自分のやりたいことを無我夢中でやる」**ことです。

「自分が大好きなことをやっていたら、時間を忘れた」という経験は誰しもお持ちではないでしょうか。そんな経験を重ねていくのです。

「やりたいこと」がパッと浮かばない時は、**「何も考えずにやれること」**も集中しやすいでしょう。

何も考えずにただ絵を描く、ピアノを弾く、ただひたすら鍋を磨く、ひたすら黙々と野菜を切って料理に没頭する、水回りをピカピカにする、……などです。

こうした練習を重ねていくと、自分の中にある「全集中」のスイッチが入りやすくなります。スイッチが入れば、通常の数倍ものスピードで物事をこなせます。

「いつもなら資料づくりに3時間以上かかるのに、1時間で完成した」なんていうのはざら。持ち時間は変わらなくても、一つひとつの作業にかかる時間が短くなったら、その分やれることは増えます。

結果的に、**24時間をその何倍もの濃い内容で過ごす**ことができるのです。

なぜか目標を達成してしまう考え方

「目標を達成することに集中」すると、なぜか不思議と達成できちゃうものです。

なぜって、**思考は現実化するし、「集中」しているから。**

締め切りギリギリまで追い込まれると、予想もしなかった集中力を発揮することがあります。例えば、小学校の夏休み。たまりにたまった夏休みの宿題を、8月31日に泣きながらやった経験はありませんか？　中間テストの前夜は、もの凄く集中して勉強をしませんでしたか？　人は切羽詰まった状態に追い込まれると、イヤでも集中します。いや、集中してやらざるを得なくなるのです。

だったら、**自分から切羽詰まった状態をつくり出しちゃいましょう！**

ただし、絶対に期日はずらさないことと、目標を下げないことは決めておく。

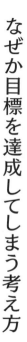

7年間ビジネスをしていて、1ケ月の最高売上額が30万円だったHさんは、1ケ月の売上目標を100万円に設定していました。

ところが、3週間の売上が60万円でストップ。あと1週間で40万円が必要です。

「もう、60万円でいいか……。今までの倍、売れているし」とあきらめかけました。

けれど、私が「あと1週間もあるじゃん！　できることはまだある！　あれもできるんじゃない？　これもできるんじゃない？」とアイデアを出したら、「あ、そうですね！　なんかできそう！　あと1週間、やってみます！」と気を取り直したのです。

それからの1週間で、Hさんは3つのキャンペーンを次々と打ち立てました！

それまで、ひとつのキャンペーンをつくるのにもヒーヒー言っていたのに、最後の1週間で40万円の売上を見事達成！　人生初の大きな目標をクリアしたのです。

Hさんと私の差は、単に思考習慣の違いです。**途中で絶対にあきらめない**。夏休みの宿題を終えることができたように、何事もクリアできないことはない！

途中であきらめかけたら、**「ここから何ができるかな？」を考えるクセ**をつけましょう。

「幸せホルモン」が起こす幸せのスパイラルとは？

ケタ違いの夢を叶えるには、継続して行動することが大切です。

でも、それって疲れそうですね（笑）。実は疲れない、とっておきの方法があります。

それは、**脳から「幸せホルモン」をいっぱい分泌させる**こと。

セロトニンやドーパミンなどのいわゆる「幸せホルモン」には、「脳をいっぱい使っても疲れない！」という効果があります。そして、これらの**幸せホルモンは、「ありがとう」という感謝の気持ちを持っていると、どんどん分泌される**ことが脳科学の見地から分かっています。

「好きな仕事のほうが成功する」というのも、「楽しい！」という気持ちが湧くから。

「いやー、楽しいなあ」「この仕事ができて嬉しい！」「ホントに感謝！」という気持ちで仕事をしていると、脳からは幸せホルモンがバンバンと分泌されます。だから、脳は疲れを知らずに動き続けることができるのです。

目標を達成すると、今度は「目標を達成できた！　嬉しい！」、チームメンバー・上司・仲間・パートナーに「ありがとう！」と感謝することで再び喜びを感じるため、幸せホルモンがますます分泌されて、脳は更に活性化する……。この好循環ループの結果、ずっと走り続けることができるのです。

「目標達成のために、今月は１００万円の売上が絶対必要」と、歯を食いしばっていると幸せホルモンは分泌されません。無理にがんばると、脳は疲弊して心は枯れてしまいます。仮に今月の目標を達成できても、次へと続きません。それは、脳がくたくただから。「目標達成した、やったー！」の後に、ばたっと倒れて終わり。いわゆる「燃え尽き症候群」です。習慣化することができないのです。

「わー、楽しいな！」「嬉しい！」と思いながら続けていると、いくらでもがんばれるだけでなく、**色々な人が助けてくれます。コラボのオファーが来たり、新しい仕事の紹介をもらえたり、思わぬ展開が起きたりします。**

なぜなら周りの人の目には、波動がとっても高くてハッピー・オーラを出しまくっているように映るため、とても魅力的な人に見えるのです。そして、波動の高い人との共鳴が起きるので、そういう人からお声がかかるのです。

そして更なる達成が起こる。助けてもらったことに感謝し、達成を喜ぶから、脳からは更に幸せホルモンが出る。

走り続けて、更なるミラクルがやってくる。

まさに、**幸せのスパイラルです。雪だるま式に物事が好転していくのです。**

かつて私は「ワルツ」と呼ばれていました。

1（ワン）、2（ツー）、3（スリー）の拍子のように、最初の1ケ月目は朝から次の朝まで徹夜もいとわず、達成に向けて集中してがんばり抜く。次の2ケ月目では、仕事をする気にならずに遊んでばかり。仕事はテキトーになります。最後の3ケ月目で、心と脳が癒やされて、少しずつやる気を充電。月末近くに、翌月の目標と行動計画をつくり出す。そしてまた1（ワン）に戻って、達成する……。

その時は必死でしたが、今考えると効率的ではありませんでした。

2（ツー）で燃え尽きたということは、「やらねば」という気持ちになっていたのでしょう。

行動を習慣化させるには、楽しむことです。

私はなぜ、動き続けられる人になったのでしょうか？

それは近い夢でも、目の前の目標でもなく、**遠い未来のケタ違いの夢にワクワクするようになったから**です！

ケタ違いの夢に集中して幸せホルモンを出しているので、目の前のことに一喜一憂することなく、走り続けることができるのです。

パラレルワールドにアクセスして、やる気100倍！

パラレルワールドとは、私たちの世界と並行して存在する、**別の可能性を持った世界**のこと。このパラレルワールドの考え方に立つと、私たちの選択によって無数の異なる現実が生まれていることになります。

例えば、次のようなことです。

・現実①　今の私がいる世界
・現実②　20キロ痩せた私がいる世界
・現実③　年収が10倍になった私がいる世界

これらの世界が**同時に存在している**と考えるのです。

私たちの意識は、これらの異なる世界を自由に行き来できるとされています。まるでテレビのチャンネルを変えるように、別の世界の自分に「スイッチ」できるのです。

この考え方の面白い点は、**私たちがワクワクすることは、「別の世界の自分」がすでに達成している！**　ということ。

つまり、

・あなたが「これをやってみたい！」と思うこと

・「こうなれたらいいな」と想像すること

これらは**「どこかの世界のあなた」が、すでに実現していること**なのです。

別の世界にいるあなた自身ができたのなら、今のあなたもできるはず！　と思えませんか？

逆説的に解説すると、どのパラレルワールドでも実現していないことは、ワクワクしないシステムになっています。なので、ワクワクしないことを単に「儲《もう》かりそうだから」と追いかけても、時間のムダで終わるのです。

この考え方を持つと、次のような効果が得られます。

・**効果① 自信がつく**……別の自分ができているなら、今の自分にもできる！
・**効果② モティベーションが上がる**……実現を信じられるので、がんばれる！
・**効果③ 新しい可能性に気づく**……想像することで、「新しい道」が見えてくる

パラレルワールドの考え方は、私たちに**「何でもできる！」という希望**を与えてくれます。「自分の理想像や目標を、すでにどこかで実現している自分がいる」と信じることで、今、ここ、現実の世界でも、達成する力が湧いてくるのです。

パラレルワールドにより、夢や目標に向かって行動する勇気が出てきませんか？

パラレルワールドの概念を使って、あなたの可能性を最大限に引き出してみて！


受講生のJさんは、ボーカル・レッスンの仕事をしながら、西日本で歌手活動をしている方でした。自分の還暦のバースデーライブを3ヶ所で開催する計画を実行中で、

「全部満席にする！」という目標の後に「全国にライブハウスの拠点をつくる」という夢を持っていました。私はJさんに「それ、同時にやっちゃおうよ！」と提案しました。

私は常に、その人の120％を引き出すアドバイスをして、ぐいぐいと可能性を広げるのが得意なのです♪

せっかくだから**夢はケタ違い**に。「還暦ライブの次は、全国4ケ所でツアーをやろうよ！」「100人の前で歌った経験があるなら、次は200人を収容できるライブハウスで！」という感じに広げるのです。

その後、Jさんと「その先の夢」を描く作戦タイムをとりました。

「ゆくゆくはサントリーホールの大ホールで歌う？」「ブルーノート東京は？」「日本武道館だって誰かと一緒にフェスをするならいけるかも？」……。

アイデアを出すたびにJさんに「どう？　ワクワクした？」と聞くと、Jさんは日本武道館にワクワクしたようです。

日本武道館で歌う自分の姿を思い浮かべると、「やりたい！」という気持ちが高まったのです。**それは「GO！」のサイン**。

ワクワクしたことは、別の世界の自分がすでに成し遂げている！

どんなにケタ違いに思えることでも、**ワクワクしたらそれは実現できる。**

だったら、どんどん大きな夢を思い描いて、どんどんワクワクしてしまいましょう。

そしてこのJさん、還暦ライブは3ヶ所とも満席にし、続いて何と、横浜でのライブが決定しました。

ほらね！　やろうと思えば夢の前倒しって、案外とできちゃうものなんです♪

未来も過去もポジティブに書き換えられる

世間一般の人がイメージする時間の流れは「過去から未来へ」。

過去の経験が今の私をつくり、今の積み重ねが未来をつくる、と言う考え方です。


ところが、夢叶の世界の時間の流れは逆で、**「未来から過去へ」**です。

未来からの逆算で今を生きるのです。これは日本古来の神道の考え方にも通じています。もともと日本人は、この考え方で生きていたのです。ちなみにインドは今でも未来から思考します。西洋文化が「過去から未来へ」という考え方をするため、いつしか日本人は、西洋の思考に染まってしまったのです。

ここで実践して欲しいのは、**「未来思考」**です。常に、**未来の「こうありたい理想」**

からの逆算で、「今をどう生きるか」を考えるクセをつけましょう。過去はクヨクヨしたって変えられません。反省すべきを反省し、それを未来に活かせば良いのです。

◆量子の世界と時間の概念

私たちは、「今」この時に、**過去・現在・未来を自分の思い通りに変える力があります。**そう言われても、非現実的に聞こえるかもしれませんね。

これを物理的に説明すると、話が長くなって小難しくもあるので、理解するのに時間がかかり、途中で「分からない！」とサジを投げてしまうかもしれません。

なので、ここでは**「どんなにつらい過去も未来も、ポジティブに書き換えられる」**とだけ、お伝えしておきます。

「未来からの逆算」と言っても、過去の失敗から来る不安・傷・トラウマで、今を思うように行動できない人がほとんどです。過去は確かに「今」にも「未来」にも影響を与えているのです。

今この時に、「過去を書き換える」って、どうやって？　今この場で、「未来を変える」って何？

その方法を解説するので、ぜひ、実践してくださいね。

未来を書き換える

これは簡単です。**ケタ違いの未来を鮮明に描く。自然とニヤニヤが止まらなくなるくらい妄想しましょう。**そして、「そのケタ違いの夢を絶対に実現させる！」と決意してください。覚悟を決め、腹をくくるのです。

この「腹のくくり」がないと、現実は何ひとつ変わりません。でも**覚悟をともなった夢**に対しては潜在意識も確実に動くし、潜在意識を通して宇宙にオーダーされます。

これがスピリチュアルの人がよく言う、「意図する」の本当のやり方です。

過去を書き換える

「今」の自分にブレーキをかけてしまう原因は、心に深い傷を負ってしまった出来事にあります。心理学を学んでいると色々な過去を抱えている人に出会います。「幼少期に親に怒られて、家を追い出されて命の危険を感じた」「成績優秀でないと怒られた」「陰湿なイジメにあった」「勉強以外はわき目もふらず臨んだ受験に失敗して、挫折した」……こういう人は、基本的に「自分」という存在に自信が持てません。

異性関係でこじらせグセがある人、ダメ男とばかりつき合う人などは、不仲な親を見て育ったり、恋愛対象となる性の親（恋愛対象が女性なら母親）との関係が悪いケースがほとんどです。あるいは、初めてつき合った相手に深く傷つけられた、という過去が原因だったりします。

「そんな過去を、今更どうやって変えるの!?」と思いますよね。

これから具体的に説明しますね。

解釈を変える

例えば、友達に裏切られて人間不信になった人が、「私は裏切らない人になろう」と決心し、心の強い人や人の痛みが分かる優しい人になれたとします。

どうして、優しい人になれたのでしょうか？

「あの経験があったお陰で、私は強くなれた」「優しくなれた」「親が厳しくしてくれたお陰で、どこに行っても評価される今がある」と、イヤな過去を**「○○のお陰で」と変換**し、ポジティブな今があると捉えるのです。

すると、その過去に対する怒り・恨み・わだかまりが手放せ、ネガティブだった過去がポジティブに書き換わります。

その結果、「今」を生きることがラクになります。そうなると、不思議と人から好かれるようになったり、ビジネスがうまくいき始めたり、物事が好転していくのです。

◆――あなたにイヤなことをした人は、実はありがたい人

自分にイヤなことをしてきた人は、「私は、それをされるのがイヤなんだ」ということを教えるために、**悪役を演じてくれたありがたい人**だと思えたら、嫌悪よりもむしろ感謝の気持ちすら湧いてきませんか?

「何かイヤだな」と思う出来事があったら、それをイヤだと感じる根本原因が何であるかを深掘りしてみてください。

例えば元カレ。浮気男・モラハラ・DV・ヒモなど色々なパターンがありますが、それは「私はこういうパターンはイヤなんだ！」「こういう人は愛せないんだ！」「こういう人は避けよう！」と、自分が気づくために必要な人だったのです。

バレンタインの夜、彼とディナーをしていたら「もっと痩せたら？　元カノは細くて軽かったよ」と言われて激怒した女性の例です。「このヤロー！　ムカつく！」という怒りで痩せたら、突如モテまくり。その流れで知り合った人と結婚して、玉の輿《こし》に！　というハッピーエンドが待っていました。「思い出すとムカつく！」「あいつめ！」と思う元カレだけど、キレイになって今のダンナさんに見初められるために、**「天からイヤなことを言う役を与えられた、実はありがたい人」**だったのです。

「ムカつく！」と思う相手がいたら、「なぜ自分はムカつくんだろう？」「自分はどう捉えたらムカつかなくなるんだろう？」と考えてください。

その相手から、感謝できるくらいの気づきを得てください。

「許せる」より「感謝できる」くらいまで飲み込めた方が、あなたは成長できます。

その分、波動も上がります。

この手法は、1時間のカウンセリング料がかなり高額な、あるスピリチュアル・カウンセラーさんが私に施してくれたものです。私が大嫌いだった父や姉を好きになっていく過程で、実践したワークです。

「ムカついたら、なぜ？　を考える」を続けてみてください。

◆相手の立場に立って感じてみよう

私は、父と姉がとにかく嫌いでした。

父は20年以上前に亡くなりました。亡くなる前に関係を改善できてはいましたが、やはり過去の出来事を思い出すと怒りがふつふつと湧いてしまうのです。

去年、イメージの中で、泣き叫ぶほど激しいインナーチャイルドのワークと、父親に質問するというワークをしました。すると、父の孤独や悲しみ、「娘たちの心が離れていくのをどうしたら止められるのかが分からない！」という葛藤とイラ立ちを理解できました。

その上で「なぜ、私をあんなに殴ったの？」と理不尽に殴られた時のことを聞いたら、泣きながら「申し訳なかった。感情のコントロールができなかった」という答え。

「まぁ、生きているだけでストレスみたいな人が、これだけの葛藤を抱えていたら、そうなるよねー」と、腑《ふ》に落ちたら、わだかまりがスーッと消えたのです。

今では父と、とっても仲良しです。イメージの世界の中ですけど。

姉は、私と真逆の超優秀&優等生。

親が決めた型に私をガチガチにはめようとして、私が好き勝手なことをしていると親に言いつけるという、本当にイヤなヤツでした。感性・価値観も真逆なので、何かを決める時に、いちいち「何でそうなるの!?」と、腹が立つ相手でもありました。

ところが去年受けたある合宿講座のワークで、姉の立場になってみて、大きな気づきがありました。姉の「長女という壁」が、父の厳しさを受け止めてくれていたからこそ、私の自由さが失われずにすんだのだと、実感できたのです。

もし私が長女だったら、私の魅力でもある自由さが半分……いや3分の1になっていたかもしれない。「姉は本当に大変な苦労をしていたんだな……」と思ったら、姉への**怒りが感謝に変わりました。**

他のセミナーでは「今日中に姉に感謝のメッセージを送れ」という課題が出されました。「えっ!?　さすがにそれはムリ!」と思ったのですが、思い切って感謝を伝えたところ、それがきっかけで姉とも仲良くできるようになりました。

ダメもとで相談をしたら、今まで即答で「NO」と言っていた姉が、私のピンチを救ってくれたことも。そんなふうに関係が変われるのも、いいですよね。

思い出すと怒り・悲しみなどのネガティブ感情が湧く人がいたら、その人の立場になって、**その人の感情を体験し、その人を理解してみましょう。**

◆誘導瞑想で、小さい頃の自分と前世を癒やそう

今の自分にネガティブな影響を与えているのは、「幼い頃の自分」「過去の自分」の**「まだ癒やされていない感情」**です。

いつも親に怒られていた子は、大きくなっても自信が持てません。だからすぐ不安になるし、行動する勇気が持てない、という現象が起きるのです。

6章の心理学で「人生脚本の書き換え」と「インナーチャイルドを癒やす」につい

て説明しますが、ここでは後者の**「インナーチャイルド瞑想」**（具体的なやり方は242ページ参照）について簡単に触れておきましょう。

私はあるスピリチュアル・カウンセラーさんのところに通って、何度もこれをしてもらいました。その後は、自分でもう何十回か分からないくらい、実践しています。

0歳の私・2歳の私・5歳の私……癒やされたい**「ちっちゃな私」**を見つけたら、その子が幸せいっぱいの笑顔になるまで、子供らしい無邪気な笑顔になるまで、何回でも向き合ってきました。そうしていくと、不思議と今を生きるのがラクになって、ビジネスもラクにうまくいくようになったのです。

更に、私たちに影響を与えている過去の存在が、**「前世」**である場合もあります。今世の私にネガティブな影響を強く与えている前世は、中国の殺し屋（笑）・中世のスピリチュアルな存在・神から重すぎる役割を与えられたギリシャ神話に出てきそうな人、です。中国の殺し屋さんは、プロに書き換えてもらいました。残る2人が今年になって訴えてきたのは、「孤独」と「葛藤」。

この夏、何回も瞑想をして癒やしましたが、「まだ足りない！」と言って、なんとこの方たち、私のビジネスを止めてしまうんですよ！（笑）ビジネスより、まず私たちを癒やせ、と（笑）。

この夏の宇宙エネルギーのテーマが、トラウマの解消・手放す・徹底的な浄化だったので、「今やれ」という天の計らいもあったのでしょう。

がんばっても売上が伸びないので、仕事をいったん止めて瞑想をしたり、自分を癒やしたり、先祖を癒やしたりしていました。すると、がんばらなくても高額講座がスルリスルリと売れていくのですから、面白いですよね。

量子力学的にも、**過去を癒やし、見えないエネルギーを癒やして、ポジティブなエネルギーに変えることで、波動が高まり自然と身の回りのことが好転していく**のです。

これが後に、更なるステージアップにもつながるので、とても大切なのです。

第4章

夢叶メソッド③
脳科学

潜在意識を
フル活用する

脳はネガティブで、サボりたがる

「脳が発している言葉＝私が考えていること」「無意識の反応は、自分の心の声」と思っていないでしょうか。一見、正しそうですが、実は違います。

脳と自分は別人格なのです。

脳は〝サボりたがり屋〟だから、「あとにしよう」「明日でいいや」といつも考えています。

自分（脳）がサボるために、私たちに「それ、大変そうだよ」「やめようよ」「私には無理」「面倒くさい」「今度にしよう？」と、行動をあきらめさせるようなことをささやいてきます。

それは、「これやりたい！」「あれもやりたい！」と考える**本人の意志とは別もの**です。

脳は、私たちの生命を維持する機能に集中したい。「生存本能」がとにかく強いのです。

太古、人類が狩猟生活をしていた頃は、世界は命を危険にさらす機会で満ちていました。脳は基本的にネガティブだし、変化を嫌います。世の中が進化して、危険を回避する機能が不要になった今も、この本能は残ったままで進化していません。だから、「〇〇やりたい！」「コレ、欲しい！」「アソコ、行きたい！」と思った時に、無意識に「お金がない」「できない」という反応が起きるのです。

でも、**それはあくまでも脳の反応。自分の心の意見ではありません。**

なのに、つい私たちはそれを自分の「本心」だと勘違いして、「そうだよね、面倒くさいからやめておこう」「大変だよね」「失敗するかもしれないし……」とあきらめてしまうのです。

「あそこは危ない」「友達に嫌われちゃうかも」など、色々なネガティブなことを脳はささやきます。

でも、そんな言葉に惑わされてはいけません！

逆に、脳は「これは絶対やりたい！」「やるんだ！」という強い思いのものについては、どんなに大変な夢も叶えてくれる**限界知らずの不思議な力**を秘めてもいるのです。

この章では、潜在意識を使って望む未来をどんどん引き寄せられる、**ポジティブで楽しい「HAPPY脳」**のつくり方を紹介します！

未来にワクワクして、脳をだまそう！

脳には「時系列」がありません。

つまり、**脳には、過去・現在・未来の区別がつかない**のです。だから、あなたが未来にやりたいことを具体的にイメージしてワクワクしていると、**脳はそのイメージを全て「現実（今）」として受け取ります。**

すると脳は勘違いをして、「あれ？　やばいぞ！　これって今!?　まだ現実になっていないのは、僕のせいだ！　早く現実化しなきゃ！」と焦って、現実化に向けて一生懸命、動くのです。

「やりたい！」と思った時、それと同時に「でも、できるかどうか分からないし……」という不安を覚えることもあるでしょう。

「やりたい！」と思ってワクワクする気持ちが勝つか？　それとも「でも、できるか分からないし……」「無理かも」と思う気持ちが勝つか？　によって、その先の現実が変わってきます。

「でも無理だよね……」で思考が終わってしまうと、「無理」が実現してしまいます。

「楽しい！　幸せ♪」とワクワクで思考が終わると、ワクワクが実現していきます。

どうせなら、いいことが現実になるほうがいいですよね！

だったら、ぜひ**「ワクワク」したところで思考を止めましょう。**

不安な気持ちや「できないかも」という気持ちは全部放置！

無責任に夢を思い描いて、無責任にワクワクしましょう。

あとは、脳にお任せです！

「ケタ違い脳」に変える方法

脳を「ケタ違い脳」に変えるためには、ケタ違いの夢や目標を持って、それを「やりたい！　やるぞ！」と決めることが大切です。

例えば、あなたの集客目標の人数が10人だとしたら、10倍の100人にする。

10人の目標を目指して動いたら、1、2、3、4、……と順番に積み上がって、10でおしまいです。

でも100人の目標を目指して動いたら、1、2、3、4……と積み上げるところまでは同じでも、途中から、違う方法をひらめいたり、不思議な引力が働いて、10、30、50……と、一足飛びにかけ上がっていけたりするのです。

10人を目指すのとほぼ同じ労力で100人までいけてしまう、というわけです。

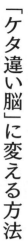

さあ！　ケタ違いの夢を見ましょう！

脳は、曖昧なものは曖昧なままにするクセがあります。

なので、あなたの幸せのイメージを明確にする必要があります。そこで私の講座で実際にやっている方法をお教えしましょう。

それは**「ケタ違いの夢を描いて、ワクワクする」**ことです。

具体的な方法を説明していきますね。

① **120歳までに「やりたいこと」を100個、書き出しましょう。**

仕事・経済・家庭・健康と美容・精神生活……様々なキーワードで思いつく限り書き出してください。

② **①の夢を10倍・100倍にスケールアップ・ステージアップさせます。**

年収1000万円なら、年収1億円とか10億円にスケールアップするのです。妄想してワクワクできる限界まで、スケールを上げましょう！

③ ②で書いたリストを毎朝、眺められるように清書しましょう。

書き方にコツがあるので、紹介しますね。

夢や願望を書く時は、「必ず過去形を使いましょう」とよく言われますよね。例えば「年収1000万円になりたい」ではなく、**「年収1000万円になりました」**という表現にするのです。

「○○になりたい」と書いてしまうと、脳は「現実にはなっていない」「できていない」とイメージしてしまう。だから「なりたい！」と望めば望むほど、「なっていない」「できていない」現実が、脳に繰り返し刷り込まれます。

願っているつもりが、「できない」を潜在意識に刷り込んでいるだけなんて、残念だと思いませんか？

先にもお話ししましたが、脳には時系列がありません。口にしたことが「今」なのか？「未来」なのか？が分からないのです。だから、**あたかもその夢がすでに**

叶っているかのように書くのです。すると、脳は「今、叶っていること」だと勘違いして、現実化に向けて動き出してくれます。

とは言え、「まだ願いが叶ってもいないのに、『～なりました』と過去形で書くなんて、うそくさくない？」と抵抗を感じる人もいるでしょう。「お金持ちになりました」って、「なってないし！」と自動反応が起きてしまう……。

過去形で書くことに違和感を覚える方は、**「進行形」をオススメします。**次のように書くのです。

「年収が１０００万円になっています！」

更にいい書き方は、そこに**「感情」をプラスさせる**ことです。

「年収１０００万円になっている」にプラスして**「嬉しい！」「やったー！」などポジティブな言葉を**つけ加えると、本当にワクワクしてくるから不思議です。

ワクワク度合いが増すほどに、目標達成はラクに近づいてくるのです。

最強なのは、**締めに「感謝」をプラスする**こと。

「年収1000万円！　**やった！　嬉しい！　ありがとう！**」

これなら、もうパーフェクト！

潜在意識に働きかける。波動を高める。ダブルの効果が期待できます。

ワーク

ケタ違いの夢リストを書こう！

書き方は次の通り。

夢や願望を「過去形」または「進行形」で書く　＋　ポジティブな感情を書く　＋

感謝の言葉で締めましょう。

毎朝のワクワクタイムで、潜在意識を書き換える！

夢を想い描いただけでは、人生は何も変わりません。なぜなら、「忘れる」から（笑）。脳は命を守るために、余計なことはしたくない。情報が入っても、簡単に忘れます。**毎朝、夢のリストを見てワクワクしましょう！** 書いた夢は全部見て、ワクワクしてください。**ワクワクすることが肝です。**楽しく成功しているイメージをしましょう。**目覚めた直後は、一番、潜在意識が優位**なので、夢のリストは寝起きに見ることをオススメします。見た回数分、潜在意識にワクワクの未来が刷り込まれていきます！

ワーク

毎朝、できれば寝起きに、夢のリストを見てワクワクしましょう。

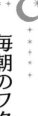

ケタ違いな「引き寄せ脳」をつくろう

人の意識で、自覚している部分（顕在意識）は全体のたったの3％。

残りの97％は自分で自覚できていない潜在意識の部分です。この潜在意識には、プラスの感情とマイナスの感情が入り混じっていて、基本的にはネガティブ。

そして潜在意識の更に奥深いところには、別の人の潜在意識とつながる「集合的無意識」のゾーンがあるのです。そこにつながると、「ああ、あれが欲しいー」と思うと、別の誰かが持って来てくれたりします。「あの人、元気にしているかな」と思ったら、本人から電話がかかってきた経験って、誰しもお持ちでしょう。

それは、相手の集合的無意識につながったことで起こるのです。

この集合的無意識には、潜在意識にマイナスの感情がいっぱい詰まっているとうまくアクセスできません。ブロックされてしまうのです。

逆に、この潜在意識の中に潜むネガティブ感情を取り除いていくと、集合的無意識にバンバン、アクセスできるため、次々と引き寄せができるようになるのです。

この潜在意識の中に眠るマイナス感情は、どうしたら取り除けるのでしょうか。

本書では、最も簡単な方法をお教えします。それは……、

毎日、**今日の「良かったこと」「ラッキーだったこと」「できたこと」を3つノートに書き続ける**ことです。

これを行うと、**脳が「良いこと」「ラッキーなこと」「できること」にフォーカスするようになります。**

すると、「小さな良いこと」にも気づけるように変化していくのです。

そして、次第に軽やかで楽しいＨＡＰＰＹ脳に変化していきます。

こうして、潜在意識の中のネガティブな感情が減っていくと、集合的無意識にスルスルとアクセスして、自分の願いが他の誰かの潜在意識につながり、願望を叶えてく

れる人が現れたり、願望を現実化してくれるようなことが起こったりします。
ミラクルが次々と現実になるのです。

ワーク 「いいことノート」をつくろう！

①今日の「良かったこと」「ラッキーだったこと」「できたこと」を3つ書く

②すき間時間にノートを眺める

軽やかで楽しいHAPPY脳になりましょう！

夢を叶える秘訣は「決断力」

何かを「やりたい！」「やるぞ！」と強い気持ちで思った時、自分の奥底で**潜在意識が現実化に向かって動き出します。**すると、引き寄せなどが始まります。

ですが、基本的に**脳はサボりたがり**で、できれば動きたくない。

だから、「やりたいな～」程度ではダメなのです。「ワクワクして待っている」のでも足りません。「やるぞ！」と決めないと、脳は「やらなくていいや」と思って動きません。**「やりたい」という願望と「やるぞ！」という決意がワンセット**になって初めて、潜在意識は動き始めるのです。

この「決断の力」の「強固さの度合い」が、成否を分けるのです。

「何があってもやるぞ！」と「決断」しましょう！

成功の邪魔になる無意識を消す

夢のリストを見てワクワクする時、あるいは妄想をふくらませてワクワクする時、時には「私には無理じゃない？」「なんだか大変そう」「本当にできるのかな」とどうしても弱気になってしまうこともあるでしょう。

無意識にそう考えてしまうと、「無理じゃない？＝無理」「難しそう＝難しい」「本当にできるのかな？＝実際にはできない」が現実化されてしまうのです。

とはいっても、ネガティブな感情は自然と湧いてしまうもの。消そうとしても、消えるものではないですよね。

そんな時、立ち返る場所は「夢のリスト」です！

リストを見て実現した世界をイメージして、当初抱いたワクワクを思い出すのです。

夢の世界を**「ストーリー展開」**させてみましょう。

例えば、「ドバイの大富豪と友達になって豪遊する」という夢を描いたとします。

あなたは友人のプライベートジェットに乗って、シャンパンを飲みながらくつろいでいます。着陸し、扉が開くと、黒塗りのリムジンが横づけにされていて、友人が両手を広げて「久しぶり」と言って迎えに来てくれました。そのまま7つ星のホテルのスイートへ……。こんな妄想を思いっきりしちゃいましょう！

女優になって、カンヌ映画祭のレッドカーペットを歩いている自分……とか。思わずニヤニヤが止まらなくなり、フッと笑みがこぼれてしまうようなストーリーが展開できたら、大成功です！

私は電車に乗っている時間、目的地まで歩く時の時間を**「妄想タイム」**にしています。あまりに妄想が広がり、ひたすら楽しすぎて、ニヤニヤを通り越して肩を震わせてクックックと笑ってしまうことも。満面の笑みで街をひとりで歩いていると、かなりヤバい人になるので、顔を隠しながら歩く、なんてこともあります（笑）。

妄想してみたけれど、あまりときめかなかったり、「これ、本当に私が望んでいることかな?」と考えてしまったりすることもあるかもしれません。

その原因は2つ、考えられます。

ひとつは、面倒くさがりの脳が働きたくないから。本当はやりたいことなのに、脳が「面倒くさいから、やめようよ」とささやいている。

もうひとつは、自分が本当には望んでいないから。なんとなく勢いで言ってはみたものの、実はそんなに望んでいなかった。流行っているので流れに乗ろうかと思ったけど、たいして心惹《ひ》かれなかった、という場合です。やってはみたいけれど、優先順位がそれほど高くない、ということもあります。

どちらの原因かを判別するには、ゆっくり時間をかけて、

「自分がそれを思い浮かべてワクワクしているかどうか?」

を確かめてみるといいでしょう。

例えば、先の「ドバイの大富豪と友達になって豪遊する」という夢をストーリー展開した時に、気持ちがワクワクしたら、それは自分が望んでいること。

にんまり笑顔のまま、「やっぱりドバイいいよね~」で思考を止めましょう。

もし「そんなにワクワクしていないな」と思ったら、別のワクワクを考えてみましょう。ドバイではなく、「ファーストクラスでニューヨークに行って……」「フランスにプライベートジェットを飛ばして、古城でパーティー」なんて考えてみる。

もしかすると、ドバイで豪遊より、「古城」が良いのかも。近くの山で森林浴をして癒やされる週末を想像した方が、ワクワクするのかもしれません。もちろん、それでもいいのです。

ここでは、「それ、本当にやりたいの？」「できるの？」は一切考えない。「だってプライベートジェットなんて無理でしょ！」「そもそも、お金ないし」なんて思考はまったく不要。

最初は「イマイチ」と思えることでも、毎日眺めているうちに、「なんか、いいかも」と、ワクワク度がだんだん増してくる場合もあります。なので、1度や2度ワクワクしないからと、リストから削除してはいけません。本当はやりたいことなのに削除してしまうと忘れてしまうから。リストから消すかどうか、あまりにも悩む夢は、リストの下の方にメモを残しておくのも良いでしょう。一方、「やっぱりこれは違う」と思ったら消してOK。

そうやって、日々、足したり消したりしながら、**ケタ違いの夢リストをアップデートさせるのです。**

「でも、できるかな……」という不安は、忘れた頃にもやってきます。

そんな時は、またワクワクの状態を思い出して、ワクワクしたところでおしまいにする。

ワクワクには、実現できるかどうかは関係ありません。

「無責任にワクワクする」時間を増やしましょう。

夢が実現できない「最大の原因」とは？

夢や目標が達成できない一番多い理由、なんだか知っていますか？

前にも書きましたが、それは**夢を忘れてしまうから！（笑）**

意外でしょうか？　でも、本当なんですよ。

「〇〇になりたい！」「こうしたい！」「欲しい！」と思った瞬間は、もの凄くテンションが上がります。熱い気持ちで、「絶対やるぞー！」とワクワクが止まりません。けれど数日、いや数時間もすると、「〇〇になりたい！」と感じたことや熱い気持ちがすっかり消えてしまうのです。

脳は3日もすれば「そんなこと、思っていたっけ？」とキレイに忘れます。

私は会社員時代、毎年恒例のお遊びで、年末に友達を集めて、翌年の夢や目標設定・行動計画を書き込む「手帳づくりの会」を開いていました。その時「今年はどうだった？」と、目標の達成度を聞くと、いつも皆「今年もできなかった～（笑）」という反応でした。

皆、年の初めは「やるぞ！」と意気込んでいます。手帳をバッグに入れ、毎日持ち歩く。ヒマさえあれば、1日何回も手帳を開いて夢や目標を眺める。
けれど数ケ月が経つうちに、「手帳は家に置いておいて、帰ってから眺めればいいや」とバッグから出してしまうのだとか。

ところが、更に1ヶ月も経つと、家で手帳を開く回数が数日に1回と減っていき……、ついには手帳の存在をすっかり忘れ……。
とうとう目標を立てたことすら忘れてしまうのです。

これがよくあるパターンです。

夢や目標のことを忘れたまま過ごしてしまい、年末、私から「手帳づくりの会」の案内がきて、「あっ!!……今年もやっちゃった……あははっ!!」というのがお決まりのパターンでした。普通、そんなものです。

自分の夢や目標を忘れないようにするコツを紹介します。

① 夢や目標を、イヤでも目につくところに貼っておく
② 貼ったものを毎日見て、潜在意識に刷り込む

夢や目標を潜在意識に刷り込んでいくと、潜在意識がそれを現実にするために動き出してくれます。潜在意識が自動的に引き寄せてくれるのに、忘れるなんて、もったいない！

だからこそ、**自分の夢は忘れない！**

「ケタ違い」が潜在意識にスルッと入る「魔法のツール」

潜在意識にスルッと浸透しやすいのは、文字よりも**絵やイメージ**です。絵やイメージは、右脳を刺激し、右脳は潜在意識に直結しているからです。

そこで私は、自分の夢がひと目で分かる**「ビジョンボード」**をオススメしています。

ビジョンボードとは、**自分が見てワクワクする写真などを貼りつけたもの**です。

例えば、ハワイ、パリ、韓国、沖縄……など、**自分が行きたい場所の景色が写った写真**。

「なりたい自分」が着ている服、憧れの人の写真、身に着けたいアクセサリーの写真、乗りたい車の写真なども貼っていきましょう。

B2サイズくらいの大きなボードに写真を貼ったり、お気に入りのノートに貼ったりすると良いでしょう。

写真などのビジュアルだけではフォローしきれない場合は、コメントを書き入れて補足するのもアリです。

私は札束が何束も積み上がっている写真と、「宝くじ10億円、この店から当選者出ました！」と書かれたのぼりの写真に、吹き出しで「これ、私」と書き足して、貼っています。「私、宝くじで10億円当たったんです」のイメージ。最強です（笑）。

ビジョンボードは、イヤでも目につく場所に貼っておくのが一番オススメです。

トイレやリビング、ベッドサイドなどもいいですね。

家族の目が気になるなど、自由に貼れない場合は、小さくまとめて手帳に入れて、時間のある時に眺めるのが良いでしょう。

私の受講生さんの中には、自分のビジョンを集めた「**ビジョンブック**」をつくっている人もいます。自分の「欲しいもの」「なりたいもの」が詰まった本。まさに宝物です！

自分の叶えたい夢や目標をビジュアル化して明確にしておくと、潜在意識への刷り込みがうまくいきます。

潜在意識が生み出す、思いもよらないミラクルを、楽しみに待ちましょう！

ワーク

・夢のリストを見ながら、理想的な写真を探してボードに貼ります。
・必要なら言葉で補足しましょう。
・毎日、何度も眺めてはワクワクしましょう。

第5章

夢叶メソッド④
成功哲学

成功者の
行動とマインドを学ぶ

成功者のそばにいて、成功者と同じ行動をとろう

私はこれまで、経営者として成功した多くの方たちにお会いしてきました。

そんな成功者のみなさんには、たとえ業界・業種は違っていても、**考え方や価値観、マインド、行動パターンに共通点**がありました。

成功者に共通するエッセンスを、自分の行動に取り入れる。

これが「成功哲学」の基本的な考え方です。

一例として、行動パターンをとり上げてみましょう。

成功者は、**「常に少し先」を見据えて行動しています。**

「行き当たりばったり」がありません。週末には翌週の計画を、月末には翌月の計画を、年末には翌年の計画を必ず練っているのです。

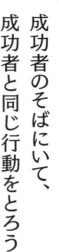

スタート地点についたら、「よーい、ドン！」の合図とともに全速力で走れるように、あらかじめ準備をしているわけです。「事前の仕込み」が違うのです。

また、成功者の**行動スピードは、驚くほど速い**。

普通の人なら「失敗したらどうしよう……」と二の足を踏んでためらうようなところを、成功者はサーッと軽やかに駆け抜けていきます。

この他にも手帳の使い方や時間の使い方など、成功者の真似できるところはどんどん真似していきましょう！

私がある会社の社長から教えてもらった行動パターンを2つ、紹介しましょう。

ひとつは、**「行動計画は、必ず高級ホテルのラウンジで立てる」**ことです。

私は年末に翌年の目標や計画を立てて手帳に書き込むようにしていますが、その作業を高級ホテルのラウンジで行います。

高級ホテルの客層は、やはり一般のホテルとはランクが違います。

そこに**少し上質なふだん着風**の服で行くのです。まるで「常連」「日常」と思えるイメージづくりです。高級ホテルで背筋をスッと伸ばして**「ワンランク上の自分」**になり切りましょう。そこでイメージするケタ違いは、いつもよりリアルに感じられるかも♪

もうひとつが、**「手帳に書く時の筆記用具は、上質のものを使う」**ことです。

安いボールペンを使うのは控えましょう。お値段は「少し高いかな」と思うくらいのもので、書き心地の良いお気に入りのペンを使いましょう。

モンブランやパイロット、パーカー、クロス、ウォーターマンなど、「ボールペン高級」で検索すると色々な商品が出てきます。値段も大事ですが、それより「このペン、ステキだな」という自分の感覚を優先させましょう。

ペンの場合は高級といっても、時計ほどの値段にはなりません。そういう意味でも比較的手が出しやすいはずです。

上質なペンは、波動も高いのです。使う人に「いい気」をもたらしてくれるし、いつもより字もキレイに書ける気がします。上質なペンを使っていると、周囲の人から一目置かれる効果もあります。

成功者から学びたい場合、実際に成功している経営者の方々が利用しそうな場所（ホテル、スポーツクラブ、高級レストランなど）を訪れるのもオススメです。

そういう方々が集まりそうな会合やセミナーに参加してみるのもいいでしょう。

成功している経営者の方たちは、総じて波動が高い。

人を包み込むおおらかさを感じさせながら、そびえたつ山のような存在感と、輝きがあります。その姿の在り方は、未来のあなたの姿なのです。**「こんな人になりたい！」**というお手本のような人を見つけられると、変化は早まります。

成功者の高い波動を味わって、吸収し、毎日その姿をイメージしながら過ごしましょう。すると不思議とあなたも、成功者のオーラ、たたずまいをかもし出すようになりますよ♪

夢が当たり前に叶う「成功の5(ファイブ)ステップ」

どんなに凄いケタ違いな成功者も、子供も、夢を叶える過程は同じです。
この過程を私は「成功の5（ファイブ）ステップ」と呼んでいます。

【成功の5ステップ】

ステップ① 夢を見る
ステップ② 夢を目標に変える
ステップ③ 行動すると決める
ステップ④ 行動し続ける
ステップ⑤ 達成

各ステップについて、詳しく見ていきましょう。

ステップ① 夢を見る

人は想像以上の自分にはなれません。でも悲しいかな、どんなケタ違いな夢でも、その時点での自分の限界となっている範囲内の夢を見ています。なので、常に夢のスケールアップを考えて、その夢にワクワクしましょう！

でも「夢」は、ただワクワクしているだけだと、とてもふわふわした「絵に描いた餅」にすぎません。この状態では、行動する気力は湧いてこないので、現実は変わりません。そこで必要になるのが、次のステップです。

ステップ② 夢を目標に変える

夢を見たら、次に**「これをやるぞ！」「現実化させるぞ！」と決意をします。**

「いいなあ～」「こうなったらいいのにな」という単なる夢物語で終わらせるのではなく、実現させると決意する。「何がなんでもやるぞ！」という覚悟を決めるのです。

大事なのは、**「いつまでにやるか」**を決めること。

「夢」「目標」には**「決断」と「期日」**が必ずセット。

ただ「やるぞ！」では、脳にとっては曖昧なままです。「いつまでに」を決めると、脳は「期日までに、どうやったら達成できるか？」を思考し始めます。すると、「行動するぞ！」という気持ちにスイッチが入ります。そして潜在意識が集合的無意識を使って、必要な人・情報を引き寄せたり、宇宙にオーダーを投げるようになります。

「（いつか）5キロ痩せたいな」と「今年のクリスマスまでに5キロ痩せる！」とでは、やる気が格段に違ってきます。

「いつか」だと「ダイエットは明日からでいいか」となって、ケーキバイキングに行ってしまうのです（笑）。でも「今年のクリスマスまで」と期日が決まると、「今、甘いものを食べると、クリスマスまでに痩せられなくなるから我慢しよう」と、抑止力が働きます。

重い腰を上げ、行動するためには、内側から燃え上がるモティベーションが必須です。このモティベーションを確固たるものにする力があるのが、「期日」なのです。

ステップ③　行動すると決める

期日を設定したら、後は実行あるのみ！

雪だるまにたとえると、雪を固めて小さな雪玉をつくり、それを**コロコロと転がして大きくし始める段階**にあたります。

ステップ②で「やるぞ！」と、やる気スイッチを入れたものの、明日から……、今度……と引きのばして、実際に行動に移す人は、めちゃくちゃ少ないものです。

「5キロ痩せるぞ！　オー！」とかけ声は勇ましかったけど、差し入れのプリンを食べたいし、おいしいご飯を食べたいし、運動はしたくないし……みたいなパターン、経験ありませんか？

「やるぞ！」という決意の先に、「行動するぞ！」という、更に強い決意が必要なのです。でも、このやる気スイッチ、自然には入らないことが多いです。だから、夢や目標が実現できないことが多々あるわけです（笑）。

では、どうしたらいいのでしょうか⁉

やる気に関係なく、まずやってみる。

とりあえず、やってみる。

少しでいいから、やってみる。

翌日もまた翌日も、その方法でとりあえずやってみてください。意外とできるものです。

ステップ④　行動し続ける

実際に動き出した時の、つまずきポイントは……**「3日坊主」**です。

現状維持したい、サボりたがりな脳は、新しいことをしたがらない。やっとやる気も出してきて行動し始めたのに、2日目「面倒だけどやるか……」、3日目には「やだな……やりたくないな……。仕方ない、やるか……」、4日目、すっかり忘れてしまう……という感じです。

夢や目標が潜在意識に入ってしまえば勝手に達成してくれるのですが、それはごくまれなことです。大概のケースでは、やらなくなってしまう。ここでも決断がカギになります。**「達成するまでやり続ける！」という決断**です。

とはいえ、1日は24時間。できることは限られています。「やることが多すぎて、全部はできな～い！」と、詰め込んでしまった人は、「ケタ違いの夢リスト」を眺めながら、優先順位が高いモノに取り組みましょう。

私もそれはそれはたくさん、目標を後ろ倒しにしてきましたよ（笑）。
サーフィンはもう20年近くやっていません。バリ島でサーフィンをするのが夢で、「バリ島のアニキ」こと丸尾孝俊さん（日本人投資家）には、「バリでサーフィンするなら、ボートで引っ張ってやるよ！」と言ってもらって「やったー！」なんて喜んでいたんですけどね。実現は来年かな～（笑）。
会社に勤めていた時、占いの勉強を始める前には「プロのイラストレーターとして活躍したい！」と思って、プロも通うイラスト塾に2年通ったことも。

けれど、商業界でやっていくのはムリ！　と気づいて、老後、好きな絵を描くアーティストになろうと路線を変更したのです。ヨガもやりたいと思いながら、いまだにやってない。これも来年かな～。

でも、いいんです。**優先順位の高いこと**からやっていけば。

その代わり、**「これ！」というものは達成するまで、当たり前に、行動し続けましょう。**

ステップ⑤　達成

さあ、いよいよ達成が見えてきました！　ゴールに意識が集中しています！

ここで大事なポイントがあります。

それは、**達成する前に、すでに次の目標に対して行動を起こす**こと。

ゴールしてから、次の目標に取り掛かるのではないのです。

これはリレー競走と同じです。走者がもうすぐゴールに着きそうな時、次の走者はすでにスタートを切って、いい感じのスピードのまま走りながらバトンの引継ぎをしていますよね。

走りながら、次の目標へのアクションを走らせ始める。絶対に立ち止まりません。成功し続ける人は、これを実践しています。

毎月目標がある営業なら、今月の達成が見えた頃から、達成に集中しながらも、翌月の準備をする。年収1000万円が見えてきたら、どうやったら1億円を実現できるかを模索し始める。

私は「28キロ痩せてビキニでサーフィン」という目標を立てた時、あと数キロ！という時点で、ビキニや洋服を買いましたし、サーフィンのDVDを見ました。

「わー、達成した！　終わったー！」でいったん止まってしまうと、再び動き出すのがけっこう大変！　エネルギー・ゼロ状態からまたやる気スイッチを「えい！」と気合を入れて押し直さないといけません。走り続けていた方が、慣性の法則でラクに走り続けていくことができるのです。車のエンジンと似ているかも。

歩みを止めないためにも、「ケタ違いの夢リスト」はマスト。

次に目指す目標が明確でないと、どこを目指せば良いのか分からなくなって、自然と動きは止まってしまいます。

私の講座でケタ違いの夢を描くことを大事にしている理由は、まさにここです！

「次、何をするのか？」が常に明確に決まっているからです。

大きく成長する人は、次から次へと、向こうから新たな道がやってくるので、複数レーンを同時に走っていて、色々なタイミングで、バトンが引き継がれている感じです。

「ステップ⑤　達成」が見えてくる頃、潜在意識は次の夢に対して「ステップ②　夢を目標に変える」と「ステップ③　行動すると決める」を動かし始めます。

すると、「夢叶自動追求マシーン」が作動して、次にやるべき行動を無意識のうちに考えてくれるのです。

しかも！　ここに天からの追い風が吹くと、チャンスが次々に訪れます。立ち止まっているヒマはありません！
どんどん夢がスケールアップしていく、成功の5ステップです。

成功し続ける、行動サイクルは次の通りです。

ステップ⑤　達成が見えてくる
↓
ステップ②　次の夢を目標に変えて、次の行動を明確にする
↓
ステップ③④　行動すると決めて、行動し始め、行動し続ける
↓
ステップ⑤　達成が見えてくる頃には②③を繰り返す

行動し続けていると、ミラクルのご褒美がある

行動し続けていると、やがて「追い風」が吹いてきます。思いもよらない引き寄せだったり、想像以上のラッキーな出来事だったり。これぞ**天の配剤**です。

例として、私の話を紹介しましょう。

2017年7月末、突然天から、9月の終わりか10月から、あなたはお友達をワンコインで占うようになっている、という予言が降ってきました。

私自身は占い師デビューは65歳と思っていました。なので大慌てで習ったままになっていたタロットを、2ケ月間どこにも遊びに行かず、寝る時間を削って丸暗記を

しました。1日に十数人を無料で占うイベントを開いて、練習もしました。「予言のタイミングを外したら、大変な目にあう!」と必死だったのです(笑)。

何とか間に合わせて、10月から1案件500円で、お友達を5~6人占った時です。友人のベテラン占い師から、日本で有名な豪華客船でのセレブ貸し切りクリスマス1泊クルーズイベントへの出演オファーが来たのです!


この客船に同乗する他の占い師さんは、この道30年の大ベテランの方ばかり。私なんて駆け出しもいいところ。レベルが違いすぎる!

「セレブ=経営者を占い師デビューでいきなり占うの!? え~!!」と、もはや恐怖でしかありませんでした。

この友人は私がSNSで「こんなに凄い占いが500円では申し訳ない! と、3000円くれる人もいて、本当にありがたい。なんて優しいお友達!」と書いたのを見て、オファーしてくれたようです。

思わず「私なんかが出ていいの?」と聞いてしまいました。すると、その友人はひと言「え？　何か問題でも？」と。

「ああ～！　これは天が決めた道なんだ！」と腹をくくり、私は引き受けることにしたのです。

それからは、とにかく必死！　タロット以外の占いを必死になって覚えました。最後はなんと神頼み。乗船地は横浜なのに、出航当日の朝、私が向かったのは真逆の方向の浅草の神社。「お願い、助けて！　うまくいくようにサポートしてください！」と半べそ状態で30分ほど泣きついていたのです（笑）。

しかし、この豪華客船のオファーを受けたことで、占い師への道が本格的に開いて、次は占い処を運営している大御所の占い師さんと出会い、その方の占い処に出演できるようになったのです。

予言をきっかけに、猛勉強し、練習し、お金をいただくようにし、ＳＮＳで投稿した。この一連の行動に対して、天がプレゼントをくださったのです。**自らの力で階段を上がっていったからいただけた「追い風」だったというわけです。**

行動し、階段を上がっていると、必ずこういうミラクルが待っていますよ。

成功するのに必要な「在《あ》り方」とは？

成功したいと思ったら、成功する前に必要なことがあります。

それは、その**成功にふさわしい「器《うつわ》」**になること。つまり、そのレベルにふさわしい考え方・人格を備えて、そこに至るだけの技能も整っている必要があるのです。


例えば、あなたが月収100万円を目標にしているとしましょう。

その前提として必要なのは、月収100万円を得るのにふさわしい考え方や技能を身につけていることです。

いくらミラクルが次々とやってきても、それを受け入れるだけの「器」があなたにないと、残念ながら全部あふれ出てしまいます。

ミラクルをキャッチするには、それ相応の大きな容器が必要なのです。

だから経営者で成功し続けている人は、学びを止めることがありません。

業界のこと、経営のこと、お金のこと、マネジメントのこと、様々な学びをしている人もいますが、共通して大切にしている学びは、人としての**「在り方」**です。


「家庭は社会の縮図」


私はよくこの言葉を使います。これは24歳の時、世界的な成功哲学を教えてくれた社長がよく口にしていた言葉です。心理学を学んでいた私には、この言葉の重要さが一瞬で腹落ちできました。

家庭の中にあるゆがみ・ひずみは、会社など組織が大きくなった社会活動においても、同じ根本原因として作用し、同じ問題やゆがみ・ひずみを生み出します。

だから、親・兄弟・子供・親戚の間にある問題は、そのまま、上司・先輩・後輩・部下・取引先との問題として現れます。まずは、足元＝家庭を豊かにしましょう。

新型コロナ禍以降、起業が流行り、１００万円もする高額の講座を主宰する先生たちが続々とデビューしています。

「私も100万円の講座を売りま～す！」と言っていた人が、たった2万円しか売れなかったなんてケースは、よくあることです。この現象の原因は色々あります。「自信がない」「高額を受け取ることへのブロックがある」「高額オファーする勇気が持てない」「どうせ無理と思っている」など。

100万円の講座を勧めてきた人が、ヨレヨレの格好で自信なさげだったら、あなたはその人から学びたいと思いますか？　同じ100万円を払うなら、自信も実績もあり、ゆとりのある人から学びたいと思いませんか？　そう見える人にならないと、売れない……ということです。

中には、心が整っていなくても、一時的に大きく稼いで、一時的に称賛を受けている人がいます。でも、それにふさわしい人格を持っていないと、どんなに素晴らしく輝く城にみえても、所詮は砂の城。いつしか、ガラガラと崩れ落ちてしまうのです。

そうなる前に、外身も中身も、**その成功にふさわしい人**になりましょう。

成功者のオーラを身につけよう!

「憧れの人の真似をする」のは、成功するための早道です。

その人の美しいたたずまい、姿勢の良さ、仕草の美しさ、話し方、着ている服、その人が持っている**「オーラ」**や**「雰囲気」**などなど。「素敵!」「私もああなりたい!」と思ったら、「習うより真似ろ」です。

その人が着ている服や髪型をそのまま真似するとなんか変……ということはよくあります。憧れの人のキラキラ感を自分でもかもし出せるように、似合う服装やスタイルを研究したうえで、取り入れましょう。

「自分に似合うものが、何か分からない」という方も多いでしょう。自分を客観視するのは案外、難しいものです。

そんな時は、プロの手を借りましょう！

パーソナルカラー診断や骨格診断・顔タイプ診断などを受けると、自分に似合う装い、スタイルが見つかります。

似合う色を身に着けていると、オーラのような**不思議な光**が放たれますよ！

以前、あるホテルの2階から、何の気なしにロビーを見下ろしていた時のこと。大勢の人混みの中に一ケ所だけ**「ぽわ〜んと不思議な光」**が放たれているのを発見！あまりに目立つので「あれはなんだろう？」と思ったら、その光はパーソナルカラーの先生方の一団から出ていました。

私たちも、自分に似合う色を身に着けるだけで、それだけの差が出せるということです！

アクセサリーは「本物」を選んでください。最初はひとつだけでもいいです。

金メッキではなく金。ジルコニアではなく、小さくても本物のダイヤを身に着けてほしいのです。スワロフスキーや水晶などは、本物でも比較的手軽に買えます。良質なもの、ハイクオリティなものを身に着けると、かもし出す自信が変わってきます。

姿勢も大事です！

スッと背筋が伸びた人は凛として見えます。

声も大きめにはっきりと話す人は、自信があって堂々とした印象を与えます。それだけでも、成功者のオーラに近づきますよ。

ワーク

・「こんな人になりたい！」「この人のこんなところ、私もできるようになりたい！」という人を見つけましょう。

・その人をモデリングしましょう。その人のようになっている自分をイメージしましょう。

「行動する力」をあなどるな！

しつこく何度も言います。

いくら願ったところで、あなたが行動しなければ、現実は何も変わりません。

「行動」といっても、ただ単に動けばいいわけではありません。

必要なのは**「成功できる行動」**です。

「考えてから行動」「学んでから行動」と言う人がよくいますが、それでは遅すぎます。**「考えながら行動」「学びながら行動」**していくことが大切です。

例えば営業なら、セールスのノウハウもろくに勉強せずに、手当たり次第に100件の飛び込み営業をしたところでそうそう成約には結びつきません。

優秀な営業職の人に、成功の秘訣を聞く。セールスの定評のあるノウハウ書を読む。

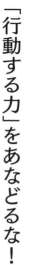

クロージング率を高めるための方法を学ぶ。

このように学んだことを、一つひとつ現場で試してみる。成果が上がった方法は自分のものにすればいいし、イマイチだった方法は改善する。

こうして、自分に合った方法を少しずつ練り上げていく。

これぞまさに「行動しながら考える」。


その時、お手本にすべき「成功している人」は、背伸びをすれば手が届くくらいの人がいいでしょう。「雲の上の存在」「天才」ではなく、真似ができるくらいの**「自分の少し上」の人**。レベルが高すぎると、かえって時間がかかるからです。

その人がどんなやり方をしていて、どんな身なりで、どんな表情やしぐさで、どんな立居《たちい》振舞《ふるまい》をしているかをじっくり観察しておきましょう。自分に取り入れられそうな部分を見つけたら、取り入れてみて。

全てを「自分事」に変えていくのがコツです。

夢を確実に実現していく「凄《すご》い手帳術」

先にもお話ししましたが、私は年末に必ず翌年の手帳をつくっています。翌年の手帳で夢のリストを更新し、目標を書き込むのです。手帳術については、これだけで本一冊分になりそうなので、ここでは一番基本となることをお伝えしますね。

それは**「120歳までの夢を書く」**です（書き方は160ページ参照）。

人は無意識に限界を設けて、その範囲内の夢しか見ません。日本人は特に、夢を見ることが下手な人が多くてびっくりします！　夢を100個書ける人が少ないのです。なので、「筋トレをするように、夢見る力を鍛えよう！」と、よく言っています。

どうやって鍛えるのか？　まずは……**やりたいことを絞り出す！**

どんなことでもいいので、思いつくままに書いてみましょう。ここでは「本当にできるの？」など、実現可能かどうかは一切考えなくて大丈夫です。**大事なのは、自分がやりたいかどうかだけ**です。願えば叶うのですから（笑）。

この時、キーワードがあった方がひらめきやすいので、絞り出せなくなってきたら、次の8分野についての夢を考えてみてください。

〈人生の8分野〉

①仕事　②家庭　③経済　④精神と自己成長　⑤人間関係・交友関係
⑥健康と身体　⑦教養・文化　⑧社会と貢献

①仕事

自分のやりたい仕事　働きたい企業　どんな働き方をしたいか？　何歳まで働きたいか？　理想の年商　理想のビジネススタイル　など

②家庭

理想の家族構成　家族との理想的な関係　家族としたいこと　どんな家庭を築きたいか？　どんな場所に住みたいか？　家族との生活スタイル　など

③経済

理想の年収（主婦の方は理想的な世帯年収でもＯＫ）　理想の家　理想のライフスタイル　乗りたい車　所有したい物　など

④精神と自己成長

どんな人になりたいか？　どんなメンタルでいたいか？　どう成長したいか？　など

⑤人間関係・交友関係

どんな人とどんな関係になりたいか？　どんな友達づき合いがしたいか？　その人

たちと何をしたいか？　など

⑥健康と身体

どのように健康でいたいか？　理想の体型・見た目（例：60歳になっても、40代に見られたい）　やりたいスポーツ　など

⑦教養・文化

身につけたい教養・知識・技術（例：英会話・マーケティング・デザインなど）したい文化活動（例：書道・茶道など）

⑧社会と貢献

理想とする社会的な地位・見え方　社会活動　貢献活動　理想的な社会　それに対して何をしたいか　など

とにかく、思いつくままに書いてみましょう。

これら8つの分野のバランスが悪いと、思ったように成功できません。例えば、仕事ばかりで家庭をかえりみない人は、必ずどこかで仕事にも行き詰まります。また、何十億円も稼ぐ会社をつくったとしても、健康を害してしまう場合も。

200ページでも書きましたが、**「家庭は社会の縮図」**。家庭に不和があると、そこが原因となって社会生活でもそこでブレーキがかかってしまう。だから、家庭の不和は全て解消することが大切です。

実際、会社が倒産寸前だった人が、家庭内も崩壊寸前で、ある日、帰宅したらダイニングテーブルの上に離婚届が置かれていたそうです。コンサルに「奥さんの言うことには全てYESで答えましょう」と言われて実践したところ、ある時から奥さんがコーヒーを入れてくれるように。少しずつ家庭内の雰囲気が良くなっていったのです。すると……紹介で大口の案件が数社決まり、会社は凄い勢いでV字回復！

人生の8分野をバランス良く高めていくことで、初めて本当に豊かな人生になっていきます。
自分の夢を明確にするとともに、８つの分野をバランスよく高めていくと、夢の実現が加速していきますよ！

そして次に！　書いた夢を10倍！　１００倍！　にスケール・アップ、ステージ・アップさせましょう！

人は現実的な夢より、驚くほど大きな夢を見た方が、現実感がなくて無責任にワクワクできます。このワクワクが、あなたの潜在意識を書き換えて、ケタ違いの人生を創り始めるのです♪

ワーク

・人生の８分野の夢を書き出しましょう。
・書いた夢を「ケタ違いの夢」に書き換えましょう。

サボりたがる脳を活動的にする魔法のステップ

脳科学のところでも説明しましたが、「大きな夢の実現」に対して、いざ行動しようと思うと、実現するまでの大変さを想像して、脳はおっくうに感じるもの。

でも、1日にできることって、そんなにたくさんはないはず。大きな夢に対して、今日、もしくは明日、「何を、どこまでやるか」を想像し書き出してみましょう。

書いていると、やる気が湧いてきて、あれもこれもと増えてくるかもしれません。

ここで欲張ってたくさん書くと、それはそれで行動しようとした時に、脳が面倒くさがります。

ここで大切なのは、「いかに脳を行動しやすくするか」です。なので、**踏み出す最初の一歩は最小限で簡単に！**

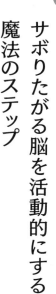

例えば、「起業して成功して、ハワイに別荘を持つ」という夢を描いたとします。今日できる最小限で簡単な行動ってなんだろう？

「そうだ！　理想的な別荘の写真を探そう！」と思ったなら、それだけを実行すれば良いのです。次の日の最小限の行動は「そうだ！　値段を調べてみよう！」……。

この最小のステップを**「ベイビーステップ」**と言います。

まずは**「確実にできるひとつ」**に絞る。最初は「こんなことでいいの？」と思えるくらい小さなことでいいのです。

それよりも、ひとつずつ、着実にやることが大切です。そして、続けること。

「あれもやりたい」「これもやらなきゃ」とつい思いがちですが、一度にやろうとすると、勢いは最初だけで、そのうち面倒くさくなって、結局は三日坊主で終わる……。

ところが、小さくても確実な一歩を続けていくと、少しずつやる気が大きくなったり、加速が生まれたり、おいしい情報が入ってきたりするなどの小さな引き寄せが起きて、楽しくなってきます。

毎日必ず、最低1個のベイビーステップをやり続けましょう！

毎日、確実に一歩を進めるためには、**夜のうちに次の日にやるベイビーステップをあらかじめ決めておく**のが効果的。忘れないように、手帳に書き込んでおきましょう。翌朝、「今日はこれをやればいいんだ！」という状態になっていれば、迷うことなく一歩を踏み出せます。

ベイビーステップは、**小さな「できた！」**を積み重ねることでもあります。**自分に自信をつける**、という意味でもオススメです。

ワーク

・明日実行するベイビーステップを決めましょう。
・それを手帳などに書きましょう。

ToDoリストを書くと、脳は夢叶に集中できる

手帳は単なるスケジュール帳でも、備忘録ツールでもありません。**未来を創造する戦略ツール**です。

更に私の手帳術は、潜在意識をフル稼働させるためのツールにもなっています。

ここで私の手帳術の中で、一番簡単で効果が高いワザをお教えします！

「いつまでにプレゼンの資料をまとめるんだっけ？」「今日の夕食、何にしよう。帰りにネギを買ってかなきゃ」「あっ！　明日にはお金を振り込まなきゃ」など、私たちは日常生活の中で様々なことを頭の中で考えています。

脳内で処理をしていると、脳は直近に迫っているものを思い出させます。

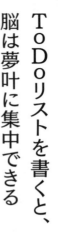

回するよと仕事中に「あ！　帰りにネギは絶対に買って帰らなきゃ！」ということを何回も思い出し、仕事の電話を忘れる、ということが起きるのです。

脳は**情報の大小の区別や優先順位の区別がありません。**「年収1億円！」も「ハワイで別荘」も「ネギ」も優先順位は同列。ただ直近に必要で気になっていることを、何度も思い出すクセはあるので、「ネギ」に気をとられて、大事な仕事の電話を忘れるのです。

それでは、どうすればいいのでしょうか？

全ての〝やること〟を手帳のＴｏＤｏリストに書き出し、手帳を見ればモレなく全部できるようにしておけば良いのです。

すると、脳は覚えておく必要がなくなるからスッキリ！

脳はラクになった分、考える余裕ができるので、夢を叶えることを考え始めます。**潜在意識が働き出すので、夢叶自動追求マシーンが作動してくれます。**その結果、引き寄せや夢に近づくための出来事が次々起こるようになる、というわけです。

手帳は、脳の棚卸しをして、脳の中の雑念を取り除き、脳を空っぽにするためのツール。

余計なことに脳をわずらわせることなく、ぜひとも夢を叶えることに集中してもらいましょう。

ワーク

・「明日やる全てのことリスト」をつくりましょう。

・毎日、それを見ながら行動すればいい状態をつくりましょう。

第6章

夢叶メソッド⑤
心理学

不安や不信を
取り除く

不安や不信はどこから来るのか？

「夢を叶えたい！」と思った時、立ちはだかる「一番の敵」はなんでしょう？
それは、「失敗したらどうしよう」という不安、「でも……私なんかにできるのだろうか？」という不信。

自分の中にある不安や不信は、無意識に湧き上がるので、かなり手ごわい相手です。

実際、ケタ違いの夢リストを眺めていると「本当にこんなことできるのかな」「うわ！　大変そう！」「失敗したら、どう思われるだろう……」など、色々な思いが自分の中からむくむくと生まれてきます。

この無意識の反応を「自動思考」「リトルボイス」と言ったりします。

私たちには、赤ちゃんの時から無意識に見聞きしてきたこと、親・先生・友達から言われた言葉によって植えつけられた〝思い込み〟があります。

自動思考は、こうした思い込みに基づいて、潜在意識が「こう来たら、こう反応する」とシステムを組んでしまったために起こる、ただの反応にすぎません。

でも、やっぱり不安なものは不安に感じるし、勇気が持てない時だってどうしてもあるでしょう。

それらをかわす方法として、言わば自己暗示のようなアファメーションやインカンテーションがありますが、実はやり方が難しくて、逆にネガティブに作用している人が多いのです。

アファメーションについて、正しいやり方を細やかに教えている先生と、私は出会ったことがありません。

アファメーションは、そのつど添削したり、直接、対面でアドバイスできないとうまくいかないので、本書では、迷子になりにくくて効果の出る、**「人生脚本の書き換え」**と**「インナーチャイルドを癒やす」**の2つを取り入れています。

「心のブレーキ」が成功の邪魔をする

「三つ子の魂百まで」ということわざをご存知のことでしょう。

人に対する**基本的な心構えは、3才までにつくられる**と言われています。

そして、**無意識の思考パターンの実に95パーセントが、12歳までにつくられる**と言われています。

子供の頃に植えつけられた思考パターンが、その後の人生を左右するのです。

幼少期は、顕在意識よりも潜在意識が優位に立っています。

赤ちゃんは本能100パーセント。潜在意識100パーセント。お腹が空《す》いたら泣き、おむつが気持ち悪かったら泣きます。「今、お母さんは忙しそうだから、ちょっと我慢しよう」なんて考えることはありません。

ハイハイから2本足で歩き出し、3歳までの潜在意識は、乾いたスポンジ状態。身近な大人が言ったことが、ほぼ100パーセント、ズドン！　と潜在意識の中に浸透していくのです。


前にもお話ししましたが、潜在意識（脳）には「主語」がありません。

例えば、赤ちゃんが食べ物以外のものを口に入れようとした時、周囲の大人はとっさに「あ！　それはダメ！」と叫びますよね。すると、その赤ちゃんの潜在意識には、「それ」がダメなのではなく、「自分」がダメなんだと刷り込まれてしまいます。

夫婦ゲンカが多い家庭で、お父さんがお母さんに向かって「バカ野郎！　おまえはなんでいつもそんなにダメなんだ！」と言ったとしましょう。それを聞いた子供の潜在意識には、「お母さん」がダメなのではなく、「おまえ＝自分」がダメだと刷り込まれてしまうのです。

子供がしょっちゅう言われるセリフ、「早くしなさい」。これも実は、言われるたびに「私はダメだ」と、刷り込まれてしまう言葉です。
「勉強しなさい」「宿題したの?」という言葉も、知らぬ間に自己否定を植えつけられているのです。

子供の頃、先生や友達に言われた衝撃的なひと言が、ずっと尾を引いているケースもあります。

例えば、友達が軽い冗談のつもりで「おまえって、絵が下手だな」と言ったことで、「ガーン! 自分は絵が下手なんだ」と強い衝撃を受けてしまう。それ以来、絵に対してすっかり苦手意識を抱いてしまい、大人になっても絵が全く描けなくなった人がいます。そんな人の中に、天才的な絵を描く人を見たことがあります。

親の冗談半分のひと言、「おまえ、足が太いな」が潜在意識に強く刷り込まれてしまって、今でもミニスカートや短パンなど、足を出す服を着られないという人もいます。

「12歳までに、周囲からどんな言葉をかけられてきたか?」というのは、とても重要で、本人に大きな影響を与えているのです。

大人になっていくらポジティブ・シンキングや成功哲学を学んでも、**「でも、私はダメだから」という思い込みが心のブレーキとなって、私たちの成功をはばむのです。**

大人の判断力があれば「ふん、何言ってるんだ！」と拒否できる言葉も、子供の脳は素直に受け止め、しかもそれを自己否定としてインプットしてしまうのです。

これがそのまま、セルフイメージや自己肯定感の高い・低いにつながるからやっかいなのです。

セルフイメージの低い人は、基本的な自信が弱いため、成功しづらい傾向があるなど、**無意識の思考パターンは見えない影響を私たちに与え続けています。**

ネガティブな「人生脚本」を書き換える方法

「これはダメなパターンだ」と分かっているのに、なぜか同じ失敗を繰り返してしまう人が多くいます。「借金を繰り返す人」「ダメな男を引き寄せてしまう人」「どこにいっても、人間関係がうまくいかない人」など。「いつも○○する時に不安を感じる」という負のパターンがあったり、ビジネスを始めると途端にお金のブロックが出たりする人もいます。

これらの「パターン化する現象」は、あなたの心の奥深くに刻み込まれた**「人生脚本」**が起こしています。

無意識に湧き上がる不安や不信が起因となって、このパターン化された行動が生まれます。

これらは、基本的な心構え・自動思考・行動パターンを生み出す「人生脚本」となり、この脚本によって、無意識に失敗を演じさせられているのです。無意識なので、同じような失敗の行動を何回も繰り返してしまう点に特徴があります。

親子関係から見ていきましょう。

親は親で、本人の葛藤を抱えています。すでに持っている屈折した人生脚本によって、親がゆがんだ愛情の持ち主である場合が多いのです。

子供は親に100パーセントの愛を求めていますが、100パーセントの健全な愛を与えられる親は、数パーセントいるかいないかです。

例えば、子供が学校で怒られ、先生から親に連絡が来たとします。子供が感じる100パーセントの愛とは、「いい子でも悪い子でも、100パーセント私を愛して!」です。でも親は、「何でそんなことしたの!?」と、怒る。すると子供は、「いい子でいないと私は愛されないんだ」と、自己否定をインプットしてしまうのです。

大人になると「仕方ないよね」と、理性で理解できることも、子供にとっては単純に「私はダメだ」というインプットになってしまうのです。

そして脳の自動システムが「自己否定」とインプットを蓄積させていき、不安という自動反応を起こさせるようになるのです。

例を挙げましょう。

小さい頃から親に「お前はバカだ」「こんなこともできないのか」と、否定され続けてきた人は、「成功してはいけない」という人生脚本を持ってしまいます。

また、夫婦仲がとても悪い両親に育てられた人は、「恋愛や結婚は、うまくいかないもの」という人生脚本を無意識のうちに手にしています。

お金に苦労する家庭に育った人は、「お金を稼ぐのは難しい」「高年収なんて無理」というお金に対するブロックを、人生脚本として持ちます。

人生脚本のネガティブな部分が生き方や考え方の根底にあると、「夢を叶えたい」

と思った時に、「成功してはいけない」「うまくいくはずがない」「どうせ手に入らない」という気持ちが無意識に出てきてしまうのです。

私は小さい頃から、父親に定期的に怒られてきました。

ある一定期間、平穏な日々が続いて、すっかり油断していると、ある日突然、父が激怒するような失敗を必ずやらかすのです。その失敗とは、「漢字テストの点数が悪かった」「門限を破った」「電気をつけたまま寝落ちした」……などです。怒られながら、「なんでこうなってしまうんだろう」と思ったものです。

なぜ、こんな現象が起きてしまうのでしょうか？

それは、潜在意識にある**「現状維持機能」**のためです。

例えば、父と私は「怒る—怒られる関係」だと潜在意識がひとたび認識してしまうと、その関係を維持しようとするのです。

父が私のことを怒らない平穏な日々が続くと、潜在意識はざわざわし始めます。

「あれ？　最近、お父さんから怒られてなくない？　関係性を維持させるために、そろそろ怒られるようなことをしなければ」と考えて、父に怒られるような現実を起こしてしまうわけです。

これらは無意識の一連の働きなので、自覚できません。

顕在意識の私には「え！　穏やかでいい毎日が続いていたのに、なんでこんなことが起こるの～」とショックでしかありません。

しかし、潜在意識の私は「いい仕事をした」という感覚なのです。こうして「父は怒る、私は怒られる」の関係がしっかりと維持され、潜在意識も「これでOK、安心だ」と、ホッと一息つくわけです。

Lさん（女性）のケースを紹介します。Lさんの父親は酒乱でした。お酒を飲んでは手がつけられないほど暴れてしまい、子供時代のLさんに手をあげることも。

酒乱の父親にさんざんイヤな目に遭わされたLさんは、「お酒を飲む人なんて大っ嫌い！　私は将来、お酒を飲まない人と結婚する！」とかたく心に誓っていました。

そして、お酒を一滴も飲まない下戸《げこ》の優しい穏やかな男性と出会って、結婚したのでした。

ところが……。

お酒を飲まなかったはずのダンナさんが、なぜかお酒を飲み始め、気がつけば、Lさんの父親と同じように暴れるようになったのです。

そう、酒乱です。

この現象が起きたのも、Lさんの「パートナーは酒乱になるものだ」という人生脚本が原因です。


よく「虐待は連鎖する」と言われますよね。親から虐待された子供は「こんな親にだけはならない！」と思っていたのに、いざ自分が親になったら同じことをしていて愕然《がくぜん》とする。

この現象も、「親子の関係は、虐待する―されるものだ」という人生脚本をもとに、潜在意識が関係を維持させているのです。

このように、あなたの潜在意識は、あなたの人生脚本に書かれた関係を維持するために、せっせと活動しています。

でも、安心してください！
その**人生脚本は、書き換えることができます！**

私の講座では、エゴグラムで「基本的な心構え」の診断テストをして、アドバイスをするのですが、本書では具体的な書き換え方をお伝えします。

まずは、自分の人生脚本を見直してみましょう。

「自分には、〇〇〇な傾向があるな」というように、振り返ってみるのです。

「自分はこんな環境で育ってきた。だから、こんな考え方に支配されているのだな」と自覚するのが第一歩。

次に「書き換え」のステップに進みます。

具体的には、自分の傾向を自覚したら、**「その行動をしない」**ことにするのです。

ステップ① 自分の行動パターンを知る
ステップ② これまでの行動パターンではなく、別のどんな行動パターンを取ればいいか？ を考える

例えば、つい買い物をしすぎて、散財しがちだとします。

まず、「どんな時に、つい買ってしまうか？」を考えます。抜本的な原因を探るのです。「ストレスがたまると、つい散財するほど、買いたくなってしまう！」と気づいたなら、買い物をしないように別のストレス解消法を試しましょう。

半身浴・友達と会う・散歩に行く、などの別の行動パターンを選ぶのです。

「夜、ネットサーフィンしていると、ついポチっと押してしまう」という行動パターンを持っていて、「今日も、どうしても買いたくなりそう！」と思ったなら、「即決しないで、いったん考えてみる」「誰かに相談してから決める」という別の行動パターンを取るようにする。ネットショッピングなら、カートに入れて一晩寝かせてから考える。リアルの店舗なら、一度家に戻って、「本当に欲しいのか？」を冷静に考えて

みる。申し込みする場合には、3日間の期間を置いてみるなどをしてみましょう。ひと晩経つと、熱が冷めて「あれ？　昨日はなんであんなに欲しいと思ったのだろう？」と考えが変わることもあるでしょう。

私の場合は大人になってから、「父に怒られる」という関係を改善するため、「ミスをしないよう、細心の注意を払う」を徹底することにしました。

仕事で遅くなる時は早めに電話をする。頼まれたことは絶対に忘れない。電気をつけっぱなしで寝ないなど。

人生脚本に振り回されないためには、「原因と結果」の「原因」を変えればいいのです。そうすればおのずと結果は変わります。

これがパターンからの脱却です。

傷つく恋愛を繰り返す人は、「愛される自信」「愛される安心感」を積み重ねることで「私は愛される存在なんだ」という自己信頼を取り戻して、幸せな恋愛ができるようになります。

自分の行動の傾向を知り、対策を練りましょう。
それまでとは**違う行動パターン**をとるのです。
あなたの人生をコントロールできるのは、あなたしかいません。

代表的な人生脚本を紹介しましょう。

存在してはいけない

「あんたなんか、生まなきゃ良かった」と親から繰り返し言われたり、虐待を受けたり、親から否定され続けると、無意識に「自分は存在してはいけない人間だ」という人生脚本をつくり出します。
すると発言をしたり行動をしたりする時に、自己抑制してしまうのです。

男（女）であってはいけない

女の子として生まれて、親から「本当は男の子が欲しかった」などと言われると

「男の子のようにしないと愛されない」という人生脚本をつくってしまいます。

成功してはいけない

親が子供が成功してもほめず、失敗した時だけ世話をやくと、子供は無意識に「成功すると愛されない」と思い込み、それが人生脚本として根づきます。

健康であってはいけない

親がふだんは異常に厳しく、病気になった時だけ優しく接する、あるいは、仕事が忙しくて関心を示してくれない親が、病気の時は一緒にいてくれると、愛されるために病気がちになったりします。

考えてはいけない

子供が、食べたい物や欲しいものを選んでいる時に、「これにしなさい」と選ばせてもらえないでいると、「自分で決めてはいけないんだ」「自分の意見は聞いてもらえないものだ」という人生脚本がつくられていきます。

自然に感じてはいけない

笑ったり、泣いたりした時に、親から「静かにしなさい！」と言われ続けると、「自分の自然な感情を感じてはいけない」という人生脚本が根づきます。無表情のお子さんに多いです。

遊んではいけない

毎日厳しく「勉強しろ！」と言われ、漫画を読む・ゲームをする・テレビの娯楽番組を見ることを禁じられたり、厳しく管理されたり、怒られていると、遊んでいる時に不安を感じたり、楽しむことに罪悪感を感じる人になります。

人を信用してはいけない

「人を見たら泥棒と思え」「簡単に人を信じるな」と親から言われて育ったり、人を信用しない大人たちの会話を日常的に聞いていたりすると、人を信用してはいけないという人生脚本がつくられます。

親が離婚して、裏切られた気持ちを持ったままになっていたり、だまされてお金の苦労をしている親を見て育ったりした場合も、この脚本はつくられていきます。

男らしく・女らしく

「女らしくしなさい！」「女の子なんだから、○○してはいけないよ」「男なら強くなれ！」などと言われて育つと、「女らしくしないと、認めてもらえない」「男らしくしないと、愛してもらえないんだ」という思い込みが生まれて、人生脚本が根づいていきます。

大事なポイントをまとめておきましょう。

《ポイント》

・パターン化された行動・結果に気づく。

・根本原因に気づく。

・パターン化された行動をやめる。解決のために違う行動をする。

・「これでいいのだ！」という安心感を得る。

（「これでいいのだ！」については、量子力学の123ページの解説を参照してください）

次に、人生脚本の書き換えで解決した事例を2つ紹介しましょう。

解決事例①

私は昔々、引っ込み思案の度合いが強すぎて、友達をご飯に誘えない時期がありました。「その日は予定があるから……」と友達に2回断られたら、もう2度と誘えませんでした。

原因→自己重要感が足りていなかったので、友達に断られると「本当は、私に会いたくないだけかも……」と不安に思っていた。

別の行動パターン↓勇気を出して、また誘う。すると、すんなり約束できたり、「いつもごめんね〜！　また誘ってね」という言葉がプラスされた返事をもらえて安心した。

そうした経験を積み重ねていくと、「私は人からちゃんと好かれている、大丈夫」という自信が少し持てるようになったのです。翌年には、1人で50人も集めて、貸し切りでクルーズ・パーティーを主宰するまでになりました。極端な変化ですね（笑）。

解決事例②

高額商品をつくれなかった起業家Mさんのケースです。

原因↓「私の商品なんかに、高いお金を出してくれる人なんていない」という不安が強かった。

別の行動パターン↓とにかく、まずは高額商品をつくってみた。不安に負けないように、特典をたくさんつけてオファーを出した。

すると、ひとり目は「興味がある！」と言ってくれた！

2人目は、「やりたいけど、今はお金が……」と言ってくれた。「やりたいと思ってくれるんだ!」と自信になった。
3人目は、申し込んでくれた! 「私でもできるんだ!」という自信になった。

結果を変えるためには、いつもと違う行動をしなくてはなりません。
この行動を変える時に、勇気が必ず必要になります。
その**勇気を出せた人だけが、新しい幸せの扉を開く**ことができるのです。
勇気を出して人生をよりHAPPYな方へと、変えていきましょう♪

インナーチャイルドを癒やすと、全てが好転する

インナーチャイルドとは、**潜在意識にいる幼少期の自分**のことです。

幼少期に受けた心の傷や不快な記憶・つらい体験でインナーチャイルドが傷ついたままでいると、大人になってもその影響を受け続けて、同じことで傷つくという現象を繰り返します。

多かれ少なかれ、誰にでも幼少期のつらい記憶はあるものでしょう。

このインナーチャイルドを癒やすと、**不安・ブロック・心のブレーキから解放され、ポジティブに前向きな行動ができるようになり、目に見えない力からの応援を受けやすくなります。**なぜなら、癒やされることで本来の潜在意識が活性化するからです。

子供の頃は誰でも、潜在意識がポジティブに機能していました。その当時の状態に

近づくというわけです。

量子力学の章で、インナーチャイルドを癒やす効果などについて書きました（150ページ参照）。インナーチャイルドは主に心理学的アプローチではありますが、同時にスピリチュアル的なアプローチの部分も含んでいます。

前世の傷も癒やせますし、潜在意識がクリアになり、波動が高まることで、宇宙とつながりやすくなるのです。

インナーチャイルドの癒やし方

まず、実践する場所についてです。インナーチャイルドを癒やす場所は、あなたがリラックスできるところがオススメです。

自宅だと集中できない場合は、くつろげるカフェや公園のベンチなど、お気に入りの場所を選んでください。ただし、号泣することもありますので、場所選びにご注意ください。私はよくカフェでしているので、世間に号泣をさらしています（笑）。

後で誘導瞑想のオススメ動画をご紹介します。ラクな体勢を取り、リラックスした状態で、動画の誘導のままに、イメージをしていきましょう。

初めは練習のつもりで森の中を歩くイメージを思い浮かべて、徐々にリラックスしていきましょう。どんどん、どんどん、イメージの世界に集中していってください。

インナーチャイルド瞑想を初めてする人は、まれに誰も出てきてくれないことがあります。それは悲しんでいたり、怒ったりしている〝**ちっちゃいあなた**〟が、何十年も放っておかれていたことに、へそを曲げていたりするからです。

あきらめずに、「長い間、気づかなくてごめんね」「会いに来たよ」「少しおしゃべりしよう」「あなたの気持ちを聞かせて」と、話しかけてあげてください。

1回目や2回目に出てきてくれなくても、あきらめずに話しかけてください。何回目かに、必ず出てきてくれます。

「私には見えない」と思い込んでいると、見えないこともあります。必ず近くにいるので、「出てきてくれる」と信じると、見えたりするのです。

出てきても、何も話そうとしない子もいます。

そんな時には、「さびしかったね」「今まで放っておいて、ごめんね」と言ってちっちゃいあなたをハグしてあげるだけでも十分です。大きな癒やしと安心感を与えることができます。そして、少し癒やされた頃に「何をしたい？」「どうしたい？」と聞いてあげてください。


ちっちゃいあなたには、色々な年齢のあなたがいて、その時その時で違う子たちが出てきます。

何がしたいのかを聞いて、それを満たしてあげてください。

公園で楽しく遊んでいるお友達と一緒に遊びたいけど、勇気が出せなくて、ひとりで遊んでいたちっちゃいあなたが出てきたなら、「ここで見ていてあげるから（あるいは、そばにいてあげるから）、お友達に声をかけてみようか」と、背中を押してあげてください。

この「イメージの世界」では、結末は必ずハッピーエンドになります。「もっとお母さんと一緒に遊びたかった」と言われたなら、その子が遊びたい場所にお母さんを呼び出して、その子が満足するまで、遊ばせてあげましょう。

Yさんは幼少期、父親が「だから『堕《お》ろせ』と言ったんだ！」と話しているのを聞いてしまいました。成長してから、「うちは貧乏だからね。仕方ないよね」と頭では理解できていて、両親とも仲は良かったそうなのですが、Yさんは瞑想中に号泣していました。

そうなんです！　頭では理解できている。大人のあなたはなんとも思っていない。でも、ちっちゃいあなたが傷ついたままでいると、それが今のあなたのブレーキになってしまうのです。様々な年齢のちっちゃいあなたが、「さびしい」「悲しい」「助けて！」と言って、ブレーキをかけて知らせているのです。だから、小さな時に傷ついたり、悲しんだりした記憶があるなら、「その子」を癒やしてあげてください。

◆癒やせたサインが分かるまで、やり続けよう！

ちっちゃいあなたと2、3回一緒に遊んであげて、「いつも同じようなパターンだから、もういいかな~」と、止めてしまう人がとっても多いのですが、それくらいではやったうちには入りません！　**その年齢、その傷をテーマに持つ子が納得し、満たされて、癒やされて、子供らしい無邪気な笑顔、天真爛漫《てんしんらんまん》な笑顔になるまでやり続けてください。**傷ついた子供たち全員を癒やしてあげてほしいのです。

同じパターンを繰り返すようなら、「その子」に他の年齢の子を呼び出してもらうなど、工夫しましょう。自分で誘導する方が良い場合もあるのです。

◆沼にはまらないように、注意しよう！

インナーチャイルドは、真剣にやればやるほど、沼にはまります！（笑）

あの子もこの子も、少しずつ変化はしているけれど、解決とまではいかない……。

そのうち別の子も出てきたけれど、その子も繰り返すばかり。解決へどう導いていいかは分からない……。色々なトラウマがあったと感じるけれど、なかなかクリアできない……。こうして沼にはまるのです。

心の傷を癒やすことに対しては長期戦という気持ちで、ゆっくり構えてください。短期間で劇的に変わるやり方は、どうしても衝撃的で激しいやり方になります（笑）。この本で紹介している方法は、優しい方法なので、**ゆっくりマイペース**に進めてください。

◆覚えておくと良い対処法

なかなか出てきてくれない子には、**「いつも気にかけているよ」と声をかけて、時間が癒やしてくれるのを待ちます**。時々思い出して、声をかけてあげましょう。

いつもと**やり方を変える**のも効果的です。

私が父親とのわだかまりを解消できないでいた時、スピリチュアル・カウンセラーさんが、「今日はお父さんと直接お話ししましょう」と言ったことがありました。ちっちゃいアコ（愛湖）ちゃんはすっかりビビッてしまい、初めは出てきてくれませんでした。そこで「一緒にいるから、大丈夫だよ」と声をかけて、出てきてもらいました。

そこで父に、「なんであんなに厳しく怒ったの?」「凄くイヤだった」と伝えたのです。

「そのやり方しか知らなかったんだ」と言う父に、ちっちゃいアコちゃんは、まるで大人のように、口の端で冷静に「フッ」と笑って、「そうだよね」「仕方ないよね」とあきらめたのです。

心理学を学んだ大人の私は、父の育った厳しい環境を理解できていたので、大人の私の知識や理解と、ちっちゃいアコちゃんの理解がうまい具合に融合できたようで、この時は「大人の理解」を見せてくれたのです。

また別の時には、わだかまりがまだ消えない私に、「今日はお父さんに、理想の人生を生きてもらいましょう」と誘導されました。父の理想の人生の中では、母も理想の人生を生きていて、本当に幸せそうでした。そのお陰で「今の私」も癒やされたのです。ちっちゃい私は、まるで別人のように明るく自由に振る舞う子供だったので、「本来の私って、こんな感じなの!?」と驚かされました。

5歳の私は、父と大の仲良しで、一緒にお出かけしたりして、いつも幸せそうです。

このセッション以降、亡くなった父と「今の私」も仲良くなれました。

今では亡くなった父は私の強力な応援者・協力者として、とても心強い後押しをしてくれています。


こんなふうに、展開のさせ方を自分なりに工夫して、色々やってみてください。

沼にはまったら、違う展開を試してみましょう！


インナーチャイルドが癒やされると、人を自然に信用できるようになり、心を開けるように変わっていきます。

例えば家庭や職場などの現実の世界においても、自分の意見を正直に言えるようになるのです。勇気を出せるようになって、波動も上がります。その結果、人間関係や仕事もうまくいく、嬉しい好循環が始まるのです。

不思議！　インナーチャイルドワールド！

ちっちゃい私は実に自由で、知らないところで前世の存在たちと仲が良かったり、前世の事情通だったり、大天使や龍神とツーカーの仲だったりします。

色々な世界とつながっている子なので、癒やされた後は、龍神を連れてきてくれたり、必要なタイミングで前世のある時点へと連れて行ってくれたりと、強力なサポーターになってくれますよ♪

インナーチャイルド誘導瞑想動画を試してみよう

それでは、インナーチャイルド誘導瞑想のオススメ動画を2つ、ご紹介します。

QRコードから、ご視聴ください。

【誘導瞑想】インナーチャイルドを癒やして、今を最幸に生きる

https://youtu.be/t47WQqzOc-k

インナーチャイルド瞑想☆両親への想いを癒やすと更に幸せになれる

https://youtu.be/K9xHNuZOxmA

心理学で、内面の課題をクリアしよう

心理学的なアプローチをしていくと、重い気持ちになって、ネガティブな波動になる方がいます。それは否定してきた過去や、心の根深いネガティブと向き合うからです。

でも、夢叶目線で考えると、今あるものに感謝して、**つらい過去にも「成長を与えてくれてありがとう」と感謝し、今を幸せに生きることの方が大切なのです。**

セルフイメージも自己肯定感も恐ろしいほど低かった私が、こうして成功の途上にいるのですから、「心の問題を抱えていても、夢は叶う！」ということを知ったうえで、心のケアをしてもらえたらいいな、と思っています。

人生では、一定の高みまで上ると、**次のステージに上がるためには、内面の課題をある程度クリアにしないと進めない、というタイミングが出てきます。**

これは〝**成功の階段の踊り場**〟に着くたびに、必ず起きる出来事です。

そこでクリアすべき課題に日々取り組んでいると、ステージアップがスムーズにできるのです。

なので一気にやろうとせず、過去を否定せず、幸せな気持ちの中で取り組んでください。

第7章

夢叶は ワクワクが9割

★ ………………… ★ ………………… ★

全メソッドで
共通して使えるワザ

全てのネガティブに勝るワクワクの力

人は、不安が大きいと動けません。

「これをやって、成功するかどうか分からないし」「失敗したらどうしよう」「今よりもっとお金がなくなってしまったら困る」「だったら、今のままのほうがまだマシかも」と動かない選択をしてしまうのです。

欲望の力が不安に勝った時、人は初めて行動を起こします。

「できるかどうか分からないけれど、楽しそうだから……やってみよう！」

「やりたいから、やる！」

その欲望をかき立てるのが、**「ワクワク」の力**です。

「ワクワク」は、バシャール（エササニ星人＝宇宙人）の地球語通訳者ダリル・アンカさんの日本語通訳者が、言葉に困ってつくった語だと言われています。

ちなみに、バシャールとはアラビア語で、存在・メッセンジャー・指揮官という意味だそうです（私の「天乃＝メッセンジャー」とちょっとだけ似ていますね）。

日本はもっともっと古く、中国が唐王朝の時代（618〜907年）に「ワクワクの国」と呼ばれていました！

マルコ・ポーロが『東方見聞録』で日本を「黄金の国ジパング」と称していたことは有名ですね。そのはるか昔、日本はムスリム商人の間で「中国の東方にワクワクという黄金の島がある」と語られていたそうです。当時、国名として呼ばれていた「倭《わ》国《こく》」が伝聞されていくうちに、「ワクワク」になったとか。

何が言いたいかというと、「ワクワク」「黄金」そして「八百万《やおよろず》の神の国」に生まれた私たちは、とても特別なDNAを持っている**「幸せな民」**なのです。

もっとワクワクして生きませんか。

人は夢や目標が大きくなればなるほど、「できないかも」「やっぱり無理に決まっている」「一体いつ、叶うんだろう」と弱気になり、不安が募ります。

けれど、ワクワクしていると、だんだんと脳が洗脳されてきて「私の人生で、それをやり遂げるのは当たり前のことだ！」と思い始めるのです。

天秤にかけた時、「できないかも」というマイナスの要素よりも「やり遂げた人生を生きたい！」という欲望が上回る。すると、人はそのゴールに向けて動き出したくなるのです。**「ワクワクがその衝動を駆り立てる！」**というわけです。


すぐに反応するのは潜在意識です。

脳科学でいう**「ラス（RAS）」**が動き始めるのです。ラスとは、脳幹網様体賦活《のうかんもうようたいふかつ》系《けい》という脳の機能のひとつで、興味・関心のある情報を無意識に集める能力のことです。

例えば「赤いポルシェが欲しい！」と思い始めた途端に、なぜか道でやたらと赤い車やポルシェが目につくようになります。

自分の中の「赤いポルシェ」という欲望に対するアンテナが伸びて、自分に必要な情報を積極的にキャッチし始めます。それに導かれるように行動を起こすと、どんどん前に進み、気づいたら欲望が現実化されていた。そんな効果が「ラス」にはあります。

「何が何でも！」という強い気持ちの夢は、**脳が宇宙にオーダーを飛ばしてくれます。**心も脳も前向きにさせることで、現実化を引き起こす。そのために必要なのが、ワクワクの力というわけです。

勇気が持てなくて動けなかったとしても、欲望が不安に勝った瞬間、「えいや！行ってしまえ～！」と動けてしまう。その原動力が**ワクワク**なのです。

かくいう私も、不安に押しつぶされてなかなか行動できないことがありました。「オンラインで集客するなら、ライブ配信が良い」と教わりましたが、同期の仲間が楽しそうにライブをしていても、私は怖くてできませんでした。「よし、やるぞ！」と決意をしても、どうしても不安で先延ばしにしていたのです。

頭では分かっているのに、どうしても勇気が出ない。代理店時代の同僚に見られて、「あいつ、何してるの？　あやしい」と噂《うわさ》されたらどうしよう。友達をやめられちゃったらヤダな～。そんなことばかり気になって、行動に移せなかったのです。

でも、12月にキャンペーンをしないと、生活がどん詰まって道が開けない！ そのためには、今日からライブを始めないと間に合わない！

そこまで追い込まれてやっと、覚悟を決めました。


そして、当日。なんと、配信できなかったのです。

たった5分の配信の予定なのに、配信開始ボタンがどうしても押せなかった……。「ライブ配信、やります！」とSNSで告知までしたのに、やらずじまい。わざわざ「この日、始めると開運する」という貴重な日を選んだというのに……。

次のチャンスは3日後。その日こそは何が何でもライブ配信しないと、本当にキャンペーンに間に合わなくなる。そしたら、人生が開いていかない！ 今度こそ!!

気合を入れて当日を迎えたのに、直前になったら、再び「……やっぱり無理～!!」という気持ちが襲ってきました。

でも……、これでまた配信しなかったら、今度はもう後がない。

「私には、この道しかないんだ！」

エイヤッ！　配信開始ボタンをぽちり。欲望が不安に打ち勝った瞬間です。

たった5分のライブ配信だったけれど、めちゃくちゃ緊張して、必死でした（笑）。次の日も5分だけ話すつもりが、気がつけば15分もしゃべっていました。3日目には30分でも足りなくて（笑）。すぐに余裕で1時間も話すようになりました。

初めは台本をつくっていましたが、慣れてくると、脱線することも増えて、どこまで話したか分からなくなるので、テーマだけを決めてフリートークにするスタイルをすぐに導入しました。ほんの数週間で、緊張することもなくなり、呼吸するようにＧｏＬｉｖｅできるように！　変われば変わるものですね。

すでに起業して稼いでいる人で、「ライブ配信は無理！　できない！　どうしよう」と悩み、泣いた経験がある人はいっぱいいます。でも、そこで止めずに立ち向かったから、今があるのです。

ライブ配信に限らず、プロデビューや初めての大舞台など、大きなプレッシャーは人生において何度もあること。

その時に**逃げずに、全力を出しきれる人が最後には勝ちます。**

そこで、なにかしら言い訳をつけて、全力を出さず中途半端にやる人は、やっぱり結果も中途半端。

「やる気のスイッチが入るかどうか？」は、**「夢の人生を本当に手に入れたいかどうか？」の覚悟の差**なのです。

どんな人でも、勇気が持てないのは最初の一歩だけ。

やってみると意外と楽しいものです！

ぜひ、欲望をかき立てて、勇気を出して、**初めの一歩を踏み出してみて！**

「お金持ち設定」でワクワクしていよう

ワクワクで人生にミラクルを起こしたかったら、**「お金持ち設定」**にするのもひとつの手です。

「お金持ち設定」で成功した、Pさんの事例を紹介しましょう。

Pさんは、所有していたマンションを売りに出したものの、なかなか売れなくて困っていました。

ところが、「お金持ち設定にしたら、急に売れたんです！」と嬉しい報告が。こんな展開、楽しくありませんか？（笑）

このカラクリを、具体的に説明しますね。

Pさんは、どんなお仕事で起業しようか試行錯誤していました。そして気づいたのが、「私は私を自由にできるお金を稼ぎたいんだ！」「稼げるビジネスがしたい！」「自分で自分のやりたいことができる、お金と時間を手に入れたい！」ということでした。

本・ＹｏｕＴｕｂｅなどでビジネスのことを色々学びながら、セルフイメージを変えようと、リラックスして「お金が潤沢にある私」をイメージして、「これが当たり前だよね～」と感じる時間を過ごしていたそうです。

そうしたら！　急に「マンションが売れた！」と連絡が来て、「お～、びっくり！やったー！」と歓喜したそうです。

凄いタイミングですよね。

潜在意識が宇宙にオーダーをする。集合的無意識がつながった。波動を高めたことで、高い波動の人と共振し始めた。売れた。そんな流れです。

Ｐさんは起業して稼げるビジネスを望んでいましたが、今回はビジネスではなくて、マンションが売れたことでお金を手に入れました。天（宇宙）はよく、こういう変化球を私たちに投げてきます（笑）。

夢の叶え方を知っていると、こんなことが自然とできるようになって、「あれよ、あれよ」と叶っていくのです。

実際にPさんのような方がいるのは、頼もしいですね♪

Pさんは「自分はお金持ち」とイメージしながら過ごして、自分がまるでセレブ生活を送っている気持ちになり、ワクワクしながらも、その生活が当たり前の日常だとイメージしていたのです。

つまり、**最高のワクワクイメージをしていたわけです。**

Pさんはいつも、とっても楽しそうな光をキラキラと放っている方で、どんな時も子供のようにワクワクしている人です。

あなたもそんなふうにワクワクしていたら、ワクワクのフォトンがあなたから飛び出して、ゼロポイントフィールドが「無から有を生み出して」くれますよ！

夢のリストは「人生のＴｏＤｏリスト」

ケタ違いの夢が色々な種類、それに途方もなくたくさんの数があったとしても、それらを簡単に引き寄せられる「考え方」があります。

それは**「夢は夢ではなくて、やって当たり前のことだ」**という考え方です。

「夢」だと思うと、「何か遠くにあって実現できるか分からないもの」になってしまうけれど、**「叶って当然」「できて当然」「やるのが当然」**と思っていると、それは当たり前に実現していくのです。そして、願ったものは全て叶う。

それなら、ケタ違いの夢を願って、それを「叶って当然」「できて当然」と思ってはいかがでしょうか。**やることが当然のことならば、夢のリストは「今日やるＴｏＤｏリストの長期版」です。**だから、夢のリストは「人生のＴｏＤｏリスト」と言えるのです。

おわりに——たくさんの方が想像以上に
HAPPYな人生になりますように

私が講座を始めた頃から、よく使っていたセリフがあります。

「今見ている夢は当たり前にとっとと叶えて、もっとケタ違いの夢を叶える、豊かな人生にしよう！」

この考え方が、私のベースです。「夢はなかなか叶わないものだと思っていたのに、『当たり前にとっとと叶える』っていいね！」と、よく言われます。

でも、本当に当たり前にとっとと叶ってしまって、もっとケタ違いな人生になっている人が、たくさんいるのです！

〝億超えスイッチ〟を入れるのなんて、本当に簡単です。ニューヨークのお友達と立ち上げた「年収40億クラブ」では、ふと気づくとみんなが当たり前に年収40億円の夢を語っています（笑）。もうホント、楽しさしかないですよ！

一応このコミュニティは、「世界を良くしていくための貢献をしていこう！」という人たちの、真面目なコミュニティなのですけどね（笑）。

私自身も、こんなケタ違いの夢を語る人生になるなんて、思ってもいませんでした。だって私、40代の頃は大手広告代理店で派遣社員として働いていて、大好きな仕事をバリバリやらせていただいていましたが、「この先、年齢的にもう雇ってもらえなくなるかも……」と、不安でいっぱいだったんです。

私は「やりたい仕事しかしたくない」「生活のために働かなくてはならなくなったら、死んだ方がマシ！」と本気でそう思っていました。でも、いざそれが現実味をおびてくると、死ぬ勇気はないので、「沖縄でタクシードライバーとして働き、好きな絵を描いて、サーフィンしながら細々と暮らそう」「東京に行くお金はきっとないだろうから、みんな遊びに来てね」と言っていたんです（笑）。

私の人生はとにかく七転八倒で、本当に苦難の連続でした。

「はじめに」でも書きましたが、私は子供の時から天然のスピリチュアルで、それが理由で大学時代にはウツになって、そこからスピリチュアル・量子力学・脳科学・成功哲学・心理学……を学んできました。

一方で占いが好きで、24歳から運気と共に生きてきたので、天が与えてくれる不思議な展開を、体験してきたのです。スピリチュアルを学んで、天と会話ができるようになり、「そういう仕組みなのか」と気づいたりしました。

私は腑《ふ》に落ちないと行動できないし、スロースターターだし、不器用だし……。周囲の皆さんは、私のことを「器用でスイスイなんでもうまくできる人」と見るのですが、とんでもない話です。

でも、失敗したり、なかなかうまくいかなかったりしてきたお陰で、「できない人が、どうしたらできるようになれるのか」を、教えられる人になったのです。

よく、「愛湖さんだからできたんでしょ」「愛湖さんはラッキーだから」と言われます。いやいや、私がどれだけ七転八倒してきたか！（笑）

若い時に、強烈なポジティブ・シンキングと強靭なビジネスマインドを身につけ、世界的な成功哲学プログラムを体に叩《たた》き込み、成功の習慣が身についていたから、何をやっても人より成功が早かっただけなのです。

天の導きに素直に従ってきたから、最良のタイミングで起業ができ、気がつけば起業のために必要な学びに30年もかけていました。そのお陰で世界で唯一無二と言っていただける講座ができ、思いもよらない早さで、本まで出せることになりました。

ビジネスにノウハウがあるように、夢を叶えるためにも確実なノウハウがあります。

「それを知っているか」「それを行動できているか」で、人生はめちゃくちゃ大きく変わるのです。

風の時代は、この天からの追い風に乗ると、夢が叶うのが本当に早いです。

今まで10年、20年かけてできたことが、1年でできる。それくらいのスピード感があります。その風に乗った成功者たちは、本当に自由で、子供のように人生を楽しんでいます。

あなたも！　**ケタ違いの夢が叶う人生**にしてもらえたら嬉しいなと思っています。

だって、**「願えば叶う」**のですから！

あなたの人生に**思いもよらない大きな幸運**が訪れますように☆

天乃《あまの》　愛湖《あこ》

本書は本文庫のために書き下ろされたものです。

雪《ゆき》だるま式《しき》に人生《じんせい》にミラクルが起《お》きる本《ほん》

著　者　　天乃愛湖（あまの・あこ）
発行者　　押鐘太陽
発行所　　株式会社三笠書房
〒102-0072　東京都千代田区飯田橋3-3-1
https://www.mikasashobo.co.jp
印　刷　　誠宏印刷
製　本　　ナショナル製本

ISBN978-4-8379-3105-8　C0130

王様文庫

龍神のすごい浄化術

SHINGO

龍神と仲良くなると、運気は爆上がり！　お金、仕事、人間関係……全部うまくいく龍神の浄化術を大公開。◎目が覚めたらすぐ、布団の中で龍にお願い！　◎考えすぎたときは、ドラゴンダンス！　◎龍の置物や絵に手を合わせて感謝する……☆最強浄化パワー、龍のお守りカード付き！

数字のパワーで「いいこと」がたくさん起こる！

シウマ

テレビで話題の琉球風水志シウマが教える、スマホ、キャッシュカードなど身の回りにある番号を変えて大開運する方法！　◎あの人がいつもツイてるのは「15」のおかげ？　◎初対面でうまくいくには「17」の力を借りて……☆不思議なほど運がよくなる「球数」カードつき！

「運のいい人」は手放すのがうまい

大木ゆきの

こだわりを上手に手放してスパーンと開運していくコツを「宇宙におまかせナビゲーター」が伝授！　◎心がときめいた瞬間、宇宙から幸運が流れ込む　◎「思い切って動く」とエネルギーが好循環……心から楽しいことをするだけで、想像以上のミラクルがやってくる！

K30655